Dr. Mario Ludwig
Dr. Harald Gebhardt
Prof. Dr. Herbert W. Ludwig
Susanne Schmidt-Fischer

Neue
Tiere & Pflanzen
in der
heimischen
Natur

Einwandernde Arten erkennen
und bestimmen

Inhaltsverzeichnis

Vorwort 6

Was sind Neozoen und
Neophyten? 8

Wie gelangen neue Arten
nach Mitteleuropa? 13

Natürliche Ausbreitung 13
Unbeabsichtigte Einschleppung 14
Beabsichtigte Einbürgerung
in das Freiland 15
Absichtliche Einfuhr zum Zweck
der Haltung, Zucht und Kultur und
anschließende Verwilderung 18

Nutzen und Schaden für Mensch
und Natur durch Neubürger 19

Gefährdung bzw. Verdrängung
einheimischer Arten 19
Gefährdung durch Konkurrenz 19
Gefährdung durch neue
Fressfeinde 20
Veränderung von Ökosystemen 21
Wirtschaftliche Schäden 22
Landwirtschaftliche Kulturen 23
Forstwirtschaft 23
Unterglasanbau 24
Wasserwirtschaft 26
Gefährdung der Gesundheit
des Menschen 27

Einschleppung von Krankheiten
und (gebietsfremden) Parasiten 27
Beeinträchtigung von jagdbarem
Wild und Fischerei 26
Nutzen durch Neozoen und
Neophyten 29

Was bringt die Zukunft? 31

Neue Pflanzen- und Tierarten in
Mitteleuropa 39

Pflanzen 39
Späte und Kanadische
Goldrute 39
Topinambur 41
Sommerflieder 43
Robinie 44
Götterbaum 46
Riesen-Bärenklau 47
Indisches Springkraut 50
Japanischer Staudenknöterich
und Sachalinknöterich 52
Douglasie 54
Ginkgo 55
Tintenfischpilz 57
Wirbeltiere 59
Wanderratte 59
Bisamratte 61
Nutria 64
Marderhund 66

Waschbär 68
Damhirsch 70
Mufflon 71
Kanadagans 74
Nilgans 76
Mandarinente 78
Fasan 80
Halsbandsittich 82
Rotwangen-Schmuck-
schildkröte 84
Ochsenfrosch 86
Regenbogenforelle 88
Graskarpfen 90
Sonnenbarsch 91
Wirbellose 93
Pharaoameise 93
Bekreuzter Traubenwickler 95
Kartoffelkäfer 97
San-José-Schildlaus 99
Reblaus 101

Gelbfüßige Bodentermite 103
Feuerlibelle 104
Tigerflohkrebs 106
Süßwassergarnele 107
Amerikanischer Flusskrebs 109
Wollhandkrabbe 110
Wespenspinne 112
Kiemenwurm 114
Dreikant- oder Wandermuschel 115
Grobgestreifte
Körbchenmuschel 117
Neuseeländische Zwerg-
deckelschnecke 118
Gefleckter Strudelwurm 119
Süßwassermeduse 120
Keulenpolyp 123

Anhang 124

Literatur 124
Register 124

Vorwort

In Alleebäumen brüten Halsbandsittiche, gar nicht weit davon entfernt bevölkern Chileflamingos, Kanada- und Nilgänse sowie Rotwangen-Schmuckschildkröten und Amerikanische Ochsenfrösche Parkteiche, Weiher und Seen. Waschbär und Marderhund ziehen in nahegelegenen Wäldern ihre Jungen groß. Japanischer Knöterich und Indisches Springkraut säumen mit ihrer weißen bzw. rosafarbenen Blütenpracht die Ufer von Bächen und Flüssen, in denen Fischarten aus verschiedenen Kontinenten schwimmen. Auf trockeneren Standorten dominiert die gelb blühende Kanadische Goldrute die Vegetation. Man wähnt sich in fernen Ländern, eventuell auch in einem Zoologischen oder Botanischen Garten, ob dieses Vorkommens an Tieren und Pflanzen. Jedoch weit gefehlt! Wir befinden uns mitten in Europa, in Städten, Dörfern und in der freien Natur. Obwohl die Zusammenschau konstruiert ist, kommen diese Beispiele der Wirklichkeit nahe.

In den letzten Jahrhunderten, vor allem aber in den letzten Jahrzehnten wurde die mitteleuropäische Tier- und Pflanzenwelt zunehmend durch neue Tier- und Pflanzenarten »angereichert«. Fast täglich kommen neue Arten hinzu, meist unbeabsichtigt und unbeachtet, zuweilen auch bewusst und gezielt importiert und ausgebracht. Im vorliegenden Buch möchten wir uns auf die neuen Tier- und Pflanzenarten – Wissenschaftler nennen sie Neozoen und Neophyten – des deutschsprachigen Mitteleuropa beschränken. Es ist schier unmöglich, eine vollständige Auflistung anzustreben. Wir haben uns daher auf solche Arten konzentriert, die entweder allgemeines Aufsehen erregen, sehr häufig auftreten, oder solche, die deshalb interessant sind, weil sie besondere Merkmale oder Entwicklungen zeigen und deren Herkunft, Ausbreitungsmittel und gegenwärtige Verbreitung besonders gut bekannt sind. Großen Wert haben wir auf die Darstellung der unterschiedlichen biologischen Eigenschaften der Organismen gelegt, die es ihnen ermöglichen, Neozoen bzw. Neophyten zu sein oder zu werden. Nicht einmischen wollen wir uns in den oft geführten Streit, ob diese Neubürger »gute« oder »schlechte« Arten seien. Nach unserer Ansicht sind es einfach Arten, die infolge von verschiedenen Befähigungen in der Lage sind, andere Lebensräume zu besiedeln und dabei auch gelegentlich andere Arten zu verdrängen. Wir sehen eine bestehende Biozönose (Lebensgemeinschaft) nicht als starres System an, sondern

Viele Neophyten wurden ursprünglich als Gartenpflanzen eingeführt.

als veränderlich – gerade dies zeigt ihre Stabilität!

Ausdrücke wie »Verfremdung«, »Rassenreinheit« oder »Faunenverfälschung« – um nur die schlimmsten zu nennen – sind ideologisch befrachtet und sollten vermieden werden. Das Wort von Heraklit: »panta rhei« (alles fließt), gilt auch in der Natur – und auch für Biozönosen. Sicher muss das Einbringen oder das Eindringen von Neubürgern immer kritisch betrachtet, genau untersucht und wissenschaftlich gewertet werden – bei allen Arten! Wenn man sich (um ein räumlich fernes Beispiel zu bringen) über die Kaninchen in Australien aufregt, die allen Bekämpfungsmethoden einschließlich Myxomatose und Kaninchenzaun erfolgreich getrotzt haben und immer noch »den Schafen das Futter wegfressen«, dann sollte man daran denken, dass nicht die Schafe, sondern die Kängurus die ursprünglichen Bewohner waren.

Was sind Neozoen und Neophyten?

Neue Tiere und Pflanzen in der heimischen Natur, wie sie in diesem Buch behandelt werden, werden entweder (falls es Tiere sind) als Neozoa oder (falls es Pflanzen sind) als Neophyta bezeichnet. Natürlich sind, wenn man nur weit genug in der Geschichte zurückgeht, alle Organismen unserer Heimat Neozoa oder Neophyta. Man hat deshalb genau definiert, was unter diesen Begriffen zu verstehen ist: Neozoen und Neophyten sind Organismen-arten, die nach dem Jahr 1492 (Entdeckung Amerikas!) unter direkter oder indirekter Mitwirkung des Menschen in ein bestimmtes Gebiet gelangt sind und dort wild leben. Unter »Gebiet« werden Naturräume und deren Einzugsgebiete verstanden. Naturräume können auch auf politische Gebiete bezogen werden. »Wild« leben bedeutet dabei, dass eine Art seit wenigstens 25 Jahren und/oder mindestens seit 3 Generationen im Gebiet frei lebend exis-

Chileflamingo – nur punkuell in Deutschland etabliert.

Auf dem Freiburger Friedhof haben Streifenhörnchen dauerhafte Populationen gebildet.

tiert. Solche Arten nennt man etablierte Neozoa bzw. etablierte Neophyta. Tier- und/oder Pflanzenarten, die sicher schon vor der Entdeckung Amerikas in einem bestimmten Gebiet angesiedelt waren, nennt man Archaeozoen bzw. Archaeophyten. Nicht zu den Neozoen und Neophyten rechnet man alle Nutzpflanzen, Zierpflanzen und Nutztiere des Menschen, Pflanzen und Tiere aus Botanischen und Zoologischen Gärten sowie Tier- und Pflanzenarten, die in unserem Gebiet schon vor einiger oder langer Zeit direkt oder indirekt vom Menschen ausgerottet worden sind (z.B. Wolf, Luchs oder Bär) und heute wieder hierzulande angesiedelt werden.

Auf die Beschreibung solcher Arten wurde in diesem Buch ebenso verzichtet, wie auf die Behandlung von punktuell etablierten Neozoen bzw.

Neophyten oder Einzelnachweisen wie z. B. Streifenhörnchen *(Eutamias sibiricus)*, Stinktier *(Mephitis mephitis)*, Chileflamingo *(Phoenicopterus chilensis)* und Trauerschwan *(Cygnus atratus)*. Der in der Presse häufig erwähnte Goldschakal *(Canis aureus)*, der sich im Augenblick Mitteleuropa vom Balkan her nähert, wurde zwar schon mehrfach in Österreich gesichtet, Nachweise für Deutschland liegen jedoch noch nicht vor. Ein Sonderfall ist auch die Türkentaube *(Streptopelia decaocto)*, für deren bemerkenswerte Expansion in unserem Jahrhundert wenigstens 10 Hypothesen vorliegen. Eine Entscheidung, ob diese Vogelart nun zu den Neozoen gerechnet werden darf, kann vor diesem Hintergrund noch nicht eindeutig getroffen werden.

Darüber hinaus gibt es bei uns etliche weit verbreitete Neozoen und

Der Trauerschwan wurde als Ziervogel für Parkteiche und Zoologische Gärten eingeführt.

Neophyten, die – um den vorgegebenen Rahmen dieses Werkes nicht zu sprengen – nicht aufgeführt sind. Als Beispiel sei die ebenfalls häufig in den Medien auftauchende Spanische Wegschnecke *(Arion lusitanicus)* erwähnt, die sich durch massenhafte Einschleppung bei uns sehr rasch etablieren konnte, einheimische Schneckenarten verdrängt und sich immer stärker zu einem Schädling in der Landwirtschaft entwickelt.

Die im Buch als Neozoen bzw. Neophyten behandelten Arten sind absteigend taxonomisch geordnet: das heißt, bei den Tieren beginnt die Reihe mit den Säugetieren und endet mit den Hohltieren. Bei jeder Art werden zunächst die typischen Merkmale genannt, die, zusammen mit der Abbildung, ein sicheres Erkennen ermöglichen, dann gibt es Hinweise zur Biologie (Lebensweise), ferner zur ursprünglichen Verbreitung und zur heutigen Verbreitung sowie zum Verbreitungsmodus, und schließlich Wissenswertes über die betreffende Art sowie gegebenenfalls Angaben über ähnliche Arten.

Wenn man die Fähigkeiten einer Art, ein Neubürger zu werden, genauer untersuchen will, dann sollte man sich zuerst mit zwei großen Naturkatastrophen befassen. 1883 wurde die Insel Krakatau (zwischen Java und Sumatra) durch einen Vulkanausbruch vollständig zerstört. Von einer ursprünglichen Fläche von 30,5 km² blieben nur noch 10,7 km² übrig – alles tierische und pflanzliche Leben wurde unter einer bis zu 70 m hohen Ascheschicht begraben und vollständig ausgerottet. Nach der Abkühlung begann der Prozess der Wiederbesiedelung (die nächste Insel, Sibesia, ist 18,5 km entfernt, die Insel Java sogar 40 km). Im Jahr 1923, 40 Jahre nach der Zerstörung, wurden auf Krakatau 500 Arten von Gliederfüßern (meist Insekten), 20 Landschneckenarten, 3 Kriechtierarten, darunter 1 Schlange, 26 Brutvogelarten und 3 Säugerarten festgestellt.

Die Insel Surtsey (Fläche 2,7 km², 30 km südlich von Island) entstand am 14. April 1964 völlig neu durch die Tätigkeit eines untermeerischen Vulkans. Bis 1968 fanden sich auf Surtsey schon 70 Gliedertierarten, davon 43 Arten von Zweiflüglern, die überwiegend durch die Luft ein-

Der Goldschakal nähert sich von Österreich aus Deutschland.

Vielen Tier- und Pflanzenarten gelang in Fracht und Ballastwasser von Schiffen der Sprung über den »großen Teich«.

wanderten, während die 5 Arten höherer Pflanzen sicher über das Meer kamen.

In beiden Fällen entwickelte sich, zumindest anfangs ohne jede Konkurrenz, eine sehr zufällig zusammengewürfelte Biozönose.

Unsere heutigen Neubürger haben es ungleich schwerer: Ihnen steht in aller Regel eine ausgewogene Lebensgemeinschaft gegenüber, in der fast jeder Platz schon besetzt ist. Heutige Neubürger müssen deshalb drei sehr wichtige Bedingungen erfüllen, um – vielleicht – erfolgreich zu sein:

1. Sie müssen ein breites Spektrum von Umwelteinflüssen ertragen können, anpassungsfähig sein und damit ein breites genetisches Potenzial besitzen.

2. Sie müssen eine möglichst hohe Zahl von Nachkommen haben.

3. Sie oder ihre Entwicklungsstadien müssen leicht verbreitungsfähig sein, also z. B. flugfähige Samen, schwimmende Larvenstadien, schwimm- oder flugfähige Dauerstadien oder Haftorgane zum Festhalten an belebten oder unbelebten Transportmöglichkeiten besitzen.

Wenn diese Erfordernisse gegeben sind, dann kann eine Organismenart zum Neubürger werden – aber nicht immer! Man schätzt, dass höchstens

10% der zum Neubürger befähigten Arten es wirklich werden, vielleicht sind es noch weniger.

So sind nur ca. 12% (= 256 Arten) der Flora Deutschlands (insgesamt 2147 Arten) Neophyten. Von der Gesamtheit der eingeführten Pflanzen (ca. 12 000 Arten) konnten sich nur 1–2% dauerhaft in den heimischen Ökosystemen etablieren.

Die Zahl der Neophyten wird künftig weiter steigen, da zwischen dem Zeitpunkt der Einführung und dem Beginn der Massenausbreitung bzw. Etablierung von Pflanzenarten eine Zeitverzögerung liegt. Bei Gehölzen beträgt diese ungefähr 147 Jahre, bei ausdauernden Stauden 68 Jahre und bei ein- oder zweijährigen Arten 32 Jahre.

Für Neozoen fehlen genaue Zahlen. Zur Zeit zählen ca. 1,6% (= 740 Arten) der Tierarten zu den gebietsfremden. Davon sind etwa 190 Arten (= 0,4%) in heimischen Ökosystemen etabliert.

Obwohl wir uns auf Mitteleuropa beschränken wollen, seien doch wenigstens zwei klassische Fälle aus Übersee genannt: Auf dem australischen Festland lebten ursprünglich, abgesehen von etlichen Fledermausarten und einigen Mäuse- und Rattenarten, keine Placentalia (höhere Säugetiere), sondern nur Beuteltiere wie z. B. Kängurus. Der Mensch hat hier absichtlich nicht nur Kaninchen als Jagdtiere und Schafe als Wolleproduzenten eingeführt, sondern auch eine ganze Reihe anderer europäischer Tiere und Pflanzen. Ähnliches gilt für Neuseeland, wo es ursprünglich gar keine Säuger gab, abgesehen von den schon bei Australien genannten Fledermaus- und Kleinnagerarten. Es gab aber in Neuseeland viele Vogelarten – und einige davon waren flugunfähig; diese fielen leicht den eingeführten europäischen Raubtieren (Fuchs, Iltis, Wiesel, Marder) zum Opfer. Sowohl in Australien als auch in Neuseeland wurden die eingeführten europäischen Arten zu Neozoen, weil sie sich gegen die schutzlose heimische Fauna problemlos durchsetzen konnten. Was in Australien geschah, war in Nordamerika nicht möglich. Dort gelang es trotz mehrerer Versuche nicht, das Europäische Wildkaninchen einzubürgern.

In diesem Zusammenhang müssen auch die Ziegen von St. Helena (Südatlantik) erwähnt werden. »Fromme« Matrosen setzten auf der von Weidetieren freien Insel St. Helena (übrigens auch auf vielen anderen Inseln) vor einigen hundert Jahren Ziegen aus, damit schiffbrüchige Seeleute bei der Rettung auf dieser Insel nicht verhungern müssten. Den Ziegen ging es zunächst sehr gut, sie fraßen ihre Insel dann jedoch kahl und verhungerten schließlich. Dieses Beispiel zeigt, dass ein allzu erfolgreicher Neozoe letztlich selbst aussterben kann, indem er seine Lebensgrundlage zerstört.

Wie gelangen neue Arten nach Mitteleuropa?

Die Verbreitung von Tier- und Pflanzenarten ist als Teil des natürlichen Evolutionsprozesses schon immer Änderungen unterworfen gewesen. Der Mensch beeinflusst diesen Prozess zunehmend. Vor allem durch die verschiedenen menschlichen Aktivitäten, Verhaltensweisen sowie technischen Errungenschaften in der Neuzeit (z. B. in den Bereichen Landwirtschaft, Handel, Verkehr) wurde und wird die Verbreitung von Tier- und Pflanzenarten forciert und der Zustrom von Neophyten und Neozoen beschleunigt. Wie aber werden nicht heimische Tiere und Pflanzen zu Neozoen bzw. Neophyten und wie gelangen sie zu uns? Dies kann auf ganz verschiedenen Wegen geschehen:

- durch natürliche Ausbreitung,
- durch unbeabsichtigte Einschleppung,
- durch beabsichtigte Einbürgerung in das Freiland,
- durch absichtliche Einfuhr zum Zweck der Haltung, Zucht und Kultur und anschließende Verwilderung.

Natürliche Ausbreitung

Grundsätzlich kann jede Tier- und Pflanzenart dort vorkommen, wo ihre Umweltansprüche erfüllt sind. Neben den abiotischen Faktoren (geeignete Boden-, Feuchtigkeits-, Licht- und Temperaturverhältnisse) müssen jedoch auch die so genannten biotischen Faktoren (Nahrungsangebot, Nistmöglichkeiten u.a.) stimmen. Wenn geeignete Lebensräume vorhanden sind, können Tier- und Pflanzenarten ihr Areal erweitern und im Zuge einer natürlichen Ausbreitung neue Gebiete besiedeln. Flugfähige Arten wie zum Beispiel der Traubenwickler, ein Schmetterling, der von Südeuropa nach Mitteleuropa eingewandert ist, können sich natürlich rascher verbreiten als nicht flugfähige Arten, etwa die Wespenspinne, die ebenfalls aus Südeuropa eingewandert ist.

Die Schaffung von neuen Verkehrswegen und Verbindungsstrecken

Verkehrswege sind »Einfallspforten« für Neozoen und Neophyten.

erleichtert die Einwanderung von nicht heimischen Arten. So schuf der Dnjepr-Bug-Kanal 1846/48 eine Verbindung zwischen Schwarzem Meer und Ostsee und der Suezkanal 1870 eine zwischen Rotem und Mittelmeer. Bereits 70 Jahre nach dem Bau des Suezkanals waren mindestens 24 Fisch- und 7 Krebsarten vom Roten Meer ins Mittelmeer eingewandert, darunter Arten, die sich dort so stark vermehrten, dass sie wirtschaftliche Bedeutung erlangten. Auch der Rhein-Main-Donau-Kanal sorgt seit ungefähr 1990 für eine Artenausbreitung. So sind aus dem Einzugsgebiet der Donau in den Rhein eingewandert z. B. Zährte (*Vimba vimba*), Weißflossengründling (*Gobio albipinnatus*), Marmorgrundel (*Protherorhinus marmoratus*) und aus dem Rhein in die Donau z. B. Aal (*Anguilla anguilla*), Meerneunauge (*Petromyzon marinus*). Heute besteht über verschiedene Schiffswege eine direkte Verbindung aus Südosten vom Dnjepr bis zur Rhone.

Häfen sind oft Brückenköpfe für eine erfolgreiche Ausbreitung neuer Tier- und Pflanzenarten. Selbst aus Neuseeland haben Neubürger Europa erreicht.

Unbeabsichtigte Einschleppung

Die meisten Neozoen werden unbeabsichtigt eingeschleppt. Mit dem Ausbau der internationalen Handelsbeziehungen und der Zunahme und Erweiterung des Frachtverkehrs zu Lande, zu Wasser und in der Luft, bei sinkenden Transportzeiten, haben sich auch die Chancen für eine unbeabsichtigte Einfuhr für verschiedene Tier- und Pflanzenarten im Laufe der Jahre immer mehr erhöht. Die Organismen werden, oft zunächst unbemerkt, als Waren-, Saatgut-, Getreide- oder Transportbegleiter aus ihren Herkunftsländern eingeschleppt. Viele Schädlinge unter den Neozoen gelangen zusammen mit ihren Wirtspflanzen zu uns. Bekannte Beispiele sind der Kartoffelkäfer, der mit der Kartoffel aus Nordamerika eingeschleppt wurde, die San-José-Schildlaus, die mit Obst ebenfalls aus Nordamerika kam, sowie die Reblaus, die zusammen mit amerikanischen Rebstöcken importiert wurde.

Vor allem auch Schiffe tragen zur Verschleppung von Neozoen und Neophyten bei. Mit dem Ballastwasser kamen zu uns z. B. die Wollhandkrabbe und Muscheln der Gattung *Corbicula,* als Aufwuchs an der Bordwand z. B. der Keulenpolyp und mit Holzfrachtern gelangte die Dreikantmuschel aus dem Baltikum in die Ostsee. Untersuchungen ergaben, dass sich in Nord- und Ostsee während der letzten 150 Jahre mehr als 100 Neophyten und Neozoen angesiedelt haben. Etwa die Hälfte davon wurde mit Schiffen bzw. im Ballastwasser eingeschleppt. So können Arten über weite Strecken und sogar von einem Kontinent zum anderen transportiert werden. Für viele Pflanzen waren Bahnhöfe und Gleisanlagen mit den dazu gehörigen Bahndämmen zunächst Ausbreitungszentren in Deutschland (z. B. Goldrute und Sommerflieder). Heute werden vor allem von Häfen noch viele Erstnachweise für neue Arten gemeldet.

Einige Neophyten, die ursprünglich als Zierpflanzen in Gärten angepflanzt worden waren, wurden mit Gartenabfällen verbreitet. So schafften z. B. Riesen-Bärenklau und Goldrute den »Sprung über den Gartenzaun«. Die im Boden enthaltenen Samen und Rhizome werden häufig bei Maßnahmen zur Unterhaltung von Gewässern und bei Pflanzungen mit dem Bodenmaterial weiter verbreitet. Besonders augenfällig wird dies beim Bodenaustausch zwischen neophytenreichen und naturnahen Standorten. So konnten sich *Reynoutria*-Sippen entlang von Gewässern in Baden-Württemberg ausbreiten.

Eine Ausbreitung mit Saatgut und Getreide erfolgt heute wegen der verbesserten Saatgutreinigung sowie Verpackungs- und Transportformen weit weniger als im 19. Jahrhundert.

Beabsichtigte Einbürgerung in das Freiland

Die Einbürgerung gebietsfremder Tiere und Pflanzen geschah in der Absicht, frei lebende, sich selbst erhaltende Populationen zu bilden, um diese wirtschaftlich nutzen zu können.

Gleisanlagen und Bahndämme sind Ausbreitungszentren für Neubürger. Arten wie Vogel-Wicke (Foto) und Lupine werden auch oft zur Böschungsbefestigung angesät.

Die Douglasie wurde als Nutzholzpflanze nach Europa eingeführt.

Einige Pflanzen wurden zu forstlichen und landwirtschaftlichen Zwecken eingeführt. Hierzu zählen die kommerziell genutzten Gehölzarten wie die Douglasie *(Pseudotsuga menziesii)*, die Weymouthskiefer *(Pinus strobus)* sowie zur Hecken- und Flurgehölzanlage die Robinie *(Robinia pseudoacacia)* und die Späte Traubenkirsche *(Prunus serotina)*.
Andere Arten sollten als Wildfutter und Deckungspflanzen dienen. So

erfuhren schnellwüchsige und eine beachtliche Blattmasse bildende Arten wie die der *Reynoutria*-Sippe, der Topinambur *(Helianthus tuberosus)* und die Späte Traubenkirsche hauptsächlich durch Jäger eine rasche Verbreitung. Dem seit Beginn des 20. Jahrhunderts durch intensive Landnutzung verursachten Blütenrückgang versuchten Imker durch Ansaaten entgegenzuwirken (Goldruten-Arten, Indisches Springkraut, Riesen-Bärenklau). Andere Pflanzungen wiederum wurden zur Verbesserung des Küstenschutzes und zur Landgewinnung durchgeführt. Hier wurden vor allem Kartoffelrose *(Rosa rugosa)* und Schlickgras-Sippen *(Spartina)* eingesetzt mit dem Ziel, die Verlandung zu beschleunigen. Zur Hang- und Böschungsbefestigung an Straßen, Kanälen und Eisenbahntrassen sollten die Späte Traubenkirsche und die Robinie dienen.
Zur »Bereicherung des Wildbestandes« wurden Mufflon, Damhirsch und Sikawild zumeist von einzelnen Revierinhabern oder Jagdgemeinschaften eingeführt. Bei allen 3 Arten trägt das Männchen ein Geweih bzw. Hörner. Diese sind als Jagdtrophäen bei Jägern begehrt. Zur Verbesserung der Fischereierträge und um die Angelfischerei attraktiver zu machen wurden die Regenbogenforelle, der Zander *(Stizostedion lucioperca)*, der Amerikanische Flusskrebs und andere in heimische Gewässer ausgesetzt. Um die Nahrungskette für kommerziell genutzte Fischarten zu ergänzen,

Ürspünglich als Zierpflanze eingeführt, gelang der Kartoffelrose der Sprung über den Gartenzaun.

brachte man z. B. den Tigerflohkrebs *(Gammarus tigrinus)* in mitteleuropäische Gewässer ein. Nicht nur aus kommerziellen, sondern aus ästhetischen Gründen (zur »Verschönerung« der Fauna) wurden Schwarzbarsch *(Micropterus dolomieu)*, Forellenbarsch *(Micropterus salmoides)* und der Sonnenbarsch *(Lepomis gibbosus)* in Mitteleuropa ausgesetzt. Verstärkter Nährstoffeintrag führte oft zu vermehrtem Pflanzenwachstum in den Gewässern. Mit dem Besatz von Graskarpfen *(Ctenopharyngodon idella)* wurde versucht, diesem Wachstum ent

gegenzusteuern. Einige Fischarten stammen auch aus privaten Aquarien, Hobbyteichen oder waren Mitbringsel aus dem Urlaub. Wenn das Interesse an den Fischen verlorengegangen ist, werden sie häufig in unsere Gewässer ausgesetzt, z. B. der Zwergwels *(Ictalurus nebulosus)* und der Goldfisch *(Carassius auratus)*. Zur Bekämpfung von Stechmückenlarven wurden der Moskitofisch *(Gambusia holbrookii)* und der Koboldkärpfling *(Gambusia affinis)* eingeführt. Wenn eingeschleppte Tiere sich in ihrer neuen Heimat als Schädlinge

Der Zander wurde als Nutzfisch ausgesetzt.

erweisen, werden oft ihre natürlichen Feinde oder Parasiten aus ihrem Herkunftsland importiert, um der Schädlingsplage im Rahmen einer biologischen Schädlingsbekämpfung Herr zu werden. So wurden gerade gegen eingeschleppte Schädlinge im Unterglasanbau (vgl. S. 24ff.) zahlreiche Nützlingsarten »nachimportiert«.

Absichtliche Einfuhr zum Zweck der Haltung, Zucht und Kultur und anschließende Verwilderung

Bewusst nach Mitteleuropa gebrachte und danach verwilderte Tierarten sind z. B. Waschbär und Nutria, die zur Pelzzucht eingeführt wurden und mittlerweile im Freiland verbreitet sind. Auch beim Hals-

bandsittich war der Aufbau frei lebender Population nicht beabsichtigt, sondern geschah ungewollt durch Verwilderung bzw. durch aus der Gefangenschaft entkommene Tiere.
Als Beispiel für die Pflanzenwelt können hier die Heidekrautgewächse (*Vaccinium*-Sippen) in Niedersachsen genannt werden: Kulturheidelbeeren nordamerikanischen Ursprungs sind in Kiefernforste und in Moorvegetationen eingedrungen und besiedeln auch vereinzelt Wegränder und Hecken. Ausgangspunkte waren hier erste kommerzielle Kulturen in Groningen, Niederlande (1923), und in Landsberg (1929). Stichprobenartige Untersuchungen in Niedersachsen ergaben, dass es kaum eine Heidelbeerplantage gibt, die nicht Ausgangspunkt für eine spontane Ausbreitung geworden ist.

Nutzen und Schaden für Mensch und Natur durch Neubürger

Die Veränderungen, die Neozoen und Neophyten in einheimischen Ökosystemen hervorrufen, bzw. ihr Einfluss auf den Menschen mit seinen Nutzpflanzen und Haustieren, wird unter Wissenschaftlern, Naturschützern, Jägern, Fischern und Landwirten kontrovers diskutiert. Das Spektrum der Meinungen reicht von der völligen Ablehnung neuer Arten bis hin zu totaler Akzeptanz. Die Einbürgerung neuer Arten wird jedoch nicht nur unter ökologischen, sondern auch ökonomischen und medizinisch-hygienischen Gesichtspunkten diskutiert. Einige künstlich eingebrachte Tier- und Pflanzenarten sind willkommen, während andere als unerwünscht gelten. Neozoen und Neophyten gelten in der Regel als problematisch oder nicht willkommen, wenn sie eines oder gar mehrere der folgenden Kriterien erfüllen:
– sie gefährden bzw. verdrängen heimische Arten,
– sie verändern heimische Ökosysteme,
– sie richten wirtschaftlichen Schaden an,
– sie gefährden die Gesundheit des Menschen,
– sie schleppen Krankheiten und (gebietsfremde) Parasiten ein,

– sie führen zu Beeinträchtigungen bei Jagd und Fischerei.

Gefährdung bzw. Verdrängung einheimischer Arten

Gefährdung durch Konkurrenz

Eine neu eingeführte Art kann, wenn sie sich als starker Konkurrent zu einer einheimischen Art erweist, diese verdrängen bzw. zum regionalen oder vollständigen Aussterben dieser Art innerhalb weniger Jahre führen. Besonders gut untersucht ist der Fall der Verdrängung der in England heimischen Eichhörnchen durch importierte Grauhörnchen. Das aus Nordamerika stammende Grauhörnchen (*Sciurus carolinensis*) wurde zwischen 1870 und 1930 in Großbritannien und Irland angesiedelt. Die Grauhörnchen, die den einheimischen Eichhörnchen (*Sciurus vulgaris*) überlegen sind, haben diese aus den Laubwäldern und Städten im südlichen und mittleren England weitgehend verdrängt. In Italien, wo ebenfalls zwischen 1930 und 1990 an mehreren Orten Grauhörnchen angesiedelt wurden, wird nach den Erfahrungen von den Britischen

Nordamerikanische Grauhörnchen haben in England die einheimischen Eichhörnchen zurückgedrängt.

Inseln geplant, die Bestände stark zu kontrollieren bzw. sogar wieder auszurotten.

Zur Bekämpfung der in Kleingewässern lebenden Stechmückenlarven wurde der Mosquitofisch *(Gambusia holbrookii)* im Mittelmeerraum und in Südosteuropa eingeführt. Der Mosquitofisch hat sich relativ rasch ausgebreitet und ist dadurch ein Nahrungskonkurrent für einige dort heimische Nutzfische geworden. Die aus Nordamerika in viele Länder exportierte Regenbogenforelle hat in ihrer neuen Heimat offensichtlich viele Fischarten zurückgedrängt oder ausgerottet. In Deutschland steht sie in Konkurrenz zur Bachforelle.

Auch im Pflanzenreich finden sich Beispiele für eine Verdrängung von heimischen Pflanzen durch Neophyten. So ist der sich in den Auen Mitteleuropas rasch ausbreitende Japanische Staudenknöterich in der Lage, alle anderen Kräuter, Gräser und Stauden zu verdrängen, was zwangsläufig zu einer Uniformierung der Pflanzendecke führt (vgl. S. 52). Auch Späte und Kanadische Goldrute sowie das Indische Springkraut können in ihren Ausbreitungsgebieten heimische Pflanzenarten verdrängen. Dies geschieht jedoch nicht in einem so hohen Maß wie bei den beiden Knöterich-Arten.

Gefährdung durch neue Fressfeinde

Räuberische Neozoen können in ihrer neuen Heimat die Bestände ihrer Beutetierarten deutlich dezimieren. Diese Bestandsminderungen erwiesen sich jedoch in vielen Fällen, die längerfristig beobachtet wurden, als vorübergehend, da die Beutetiere oft auf den neuen Feind mit Verhaltensänderungen und neuen Strategien zur Feindvermeidung reagierten.

Der Mink *(Mustela vison)* oder Amerikanische Nerz wurde zur Zucht für die Gewinnung von Pelzen nach Europa eingeführt. Immer wieder entkamen Minke aus Pelzfarmen oder wurden sogar aufgrund des Verfalls der Pelzpreise absichtlich freigelassen und bildeten Freilandpopulationen. Heute ist der Mink in vielen Ländern verbreitet. Die kleinen Marder leben am Wasser und ernähren sich von verschiedenen Wirbellosen, aber auch Vögeln und Kleinsäugern. Während der Mink in Deutschland kaum Schwierigkeiten bereitet, hat er sich im nördlichen Europa offensichtlich zu einer Problemart entwickelt. So wurde 1989 in Schottland festgestellt, dass Minke fast den gesamten Nachwuchs von Seeschwalben, Lachmöwen und Silbermöwen auf einem 1000 km langen Küstenstreifen vernichtet hatten, in dem sie erstmals 1982 beobachtet werden konnten. Schottische Vogelkundler haben errechnet, dass die Minke einen größeren Einfluss auf die Anzahl und Verbreitung brütender Seevögel hatten als sämtliche Ölunfälle der letzten Jahrzehnte zusammen.

In Island, wo der Mink schon seit fast 70 Jahren vorkommt, hat er als Fressfeind zunächst ebenfalls die Bestände der See- und Wasservögel drastisch reduziert. Innerhalb der letzten 40 Jahre haben jedoch die Vögel auf den Mink reagiert und ihr Brutverhalten geändert. Sie suchen heute vorwiegend Brutplätze abseits der Ufer auf. Es bleibt zu hoffen, dass diese Änderung auch in Schottland eintritt und wieder zu einem Anwachsen der Seevogelbestände führt.

Veränderung von Ökosystemen

In vielen Fällen wird eine Umgestaltung der Landschaft zu Gunsten erwünschter neuer Arten durchgeführt. Dies kann erhebliche Folgen für heimische Arten haben. So wurden ganze Landschaften umgebaut und Millionen von Greifvögeln getötet, um den aus Asien stammenden

Minke entkommen immer wieder aus Pelzfarmen.

Der Fasan wurde bereits im Mittelalter zu Jagdzwecken eingeführt.

Fasan in Europa erfolgreich zu etablieren (vgl. S. 80 ff.).

Wie sehr die Einfuhr eines winzigen Krebschens ein Ökosystem verändern kann, zeigt das folgende Beispiel aus Nordamerika: 1981 wurde der Glaskrebs *Mysis relicta*, der in Kanada eine von einer bestimmten Lachsart bevorzugte Nahrungsquelle darstellt, im Lake Montana in den USA angesiedelt, um die dort beheimateten Lachse zu fördern. Die Lachse verschmähten jedoch die neue Nahrung und ernährten sich auch weiterhin von einheimischer Beute. Die heimischen Wasserflöhe wurden jedoch durch die Anwesenheit der gefräßigen Nahrungskonkurrenten immer seltener und die Nahrung für die Lachse fehlte. Daraufhin nahm der Lachsbestand drastisch ab. Während 1985 noch mehr als 100 000 Lachse gefangen werden konnten, wurde bereits 1988 kein einziger mehr gefangen. Als weitere Folge war zu beobachten, dass Fischadler, Grizzlybären, Otter und andere Tiere sich ergiebigere Jagdgründe suchten.

Dies wiederum hatte zur Folge, dass die Touristen, die wegen dieser Naturattraktionen gekommen waren, ausblieben.

In den 1960er Jahren wurde der Nilbarsch *(Lates nilotus)* in den Viktoriasee, den größten tropischen See der Welt, ausgesetzt. Ziel der Aktion war es, einen wohlschmeckenden Speisefisch im See zu etablieren. Der bis 70 kg schwere Raubfisch sollte die kleinen Buntbarscharten, die den See zahlreich bevölkerten, aber für den menschlichen Verzehr weniger geeignet waren, fressen und damit in »wertvolles« Fleisch verwandeln. Die Folge war eine völlige Umgestaltung des Ökosystems. Die Nilbarsche vermehrten sich rasant und rotteten dabei zahlreiche andere Fischarten im See teilweise oder vollkommen aus. Neben einer Artenverarmung der Fischfauna ergaben sich aber auch ökologische Folgen. Einige der jetzt fehlenden Arten ernährten sich zum Beispiel vom organischen Abfall auf dem Seeboden. Ihre »Aufgabe« im Ökosystem konnte jetzt nicht mehr erfüllt werden. Auch andere wichtige ökologische Nischen waren nicht mehr besetzt. Die Folge waren Faulschlammbildung, Sauerstoffmangel und Algenblüten im See.

Wirtschaftliche Schäden

Einige Neozoen und Neophyten haben nach ihrer Einfuhr bzw. Verschleppung auf ganz unterschiedliche Art und Weise zum Teil schwere wirtschaftliche Schäden angerichtet. Der wirtschaftliche Schaden ergibt sich oft nicht nur aus der direkten Einwirkung der neuen Arten, sondern aus den hohen Kosten, die zu ihrer Bekämpfung aufgewandt werden müssen. So wurde in einer vom Amerikanischen Kongress in Auftrag gegebenen Studie errechnet, dass nicht einheimische Arten in den USA bis zum Jahr 1991 einen volkswirtschaftlichen Schaden von nahezu 100 Milliarden Dollar verursacht haben.

Landwirtschaftliche Kulturen

Die meisten Neozoen, die Schäden in landwirtschaftlichen Kulturen hervorrufen, sind unbeabsichtigt bei der Einfuhr ihrer Futter- bzw. Wirtspflanzen nach Mitteleuropa eingeschleppt worden. In ihrer neuen Heimat fanden sie oft gute Umweltbedingungen und einen Mangel an effektiven natürlichen Gegenspielern vor. Bekannte Beispiele sind der aus Nordamerika eingeschleppte Kartoffelkäfer, der vor allem in den 1930er und 1940er Jahren der deutschen Kartoffelproduktion schwere Verluste zufügte (vgl. S. 99), die Reblaus, ein ebenfalls aus Nordamerika eingeschleppter gefährlicher Weinrebenschädling (vgl. S. 103), und die San-José-Schildlaus, eine aus Ostasien stammende Schildlausart, die in den Obstanbaugebieten Süddeutschlands verheerende Schäden angerichtet hat (vgl. S. 100f.). Der Bekreuzte Trau-

Tannentrieblaus – ein Forstschädling aus dem Kaukasus.

benwickler, eine an Weinreben parasitierende Schmetterlingsart, ist dagegen im Zuge der natürlichen Ausbreitung von Südeuropa nach Deutschland gelangt (vgl. S. 95f.). Von der aus Ostasien stammende Wanderratte ist bekannt, dass sie in einigen Staaten der so genannten Dritten Welt ganze Getreideernten vernichtet hat (vgl. S. 60).

Forstwirtschaft

Alle Neozoen, die sich von holzigen Pflanzen ernähren, können zumindest theoretisch zu Problemfällen für die heimische Forstwirtschaft werden.
Die zur Familie der Fichtengallläuse gehörende Tannentrieblaus (*Dreyfusia nordmannianae*), deren Heimat

der Kaukasus und die Krim sind, wurde zusammen mit ihren Wirtspflanzen der Orientfichte *(Picea orientalis)* und der Nordmannstanne *(Abies nordmanniana)*, die ab 1840 nach Mitteleuropa eingeführt wurden, eingeschleppt. Bei uns kommt sie in Süddeutschland regelmäßig vor. Die Tannentrieblaus braucht, um ihren zweijährigen komplizierten Lebenszyklus, der 5 verschiedene Generationen umfasst, erfolgreich abschließen zu können, Anbaugebiete, in denen beide Nadelbaumarten gemeinsam vorkommen. Dies ist in der Regel nur in Parkanlagen der Fall. Zur Gefahr für die Forstwirtschaft wird die Tannentrieblaus durch ihre Fähigkeit, auf der heimischen Weißtanne zu überleben und sich unter günstigen klimatischen Bedingungen massenhaft zu vermehren. Die Läuse saugen an den Nadeln und Trieben der Tannen, die letztendlich von der Spitze her absterben und so ihren Wert für die Forstwirtschaft einbüßen. Ergänzend sei erwähnt dass neben der Tannentrieblaus noch ein weiterer Vertreter der Fichtengallläuse, nämlich die Sitkafichtengalllaus *(Gilletteella cooleyi)* nach Europa eingeschleppt wurde. Diese aus Nordamerika stammende Blattlaus, die ebenfalls einen Wirtswechsel zwischen zwei Nadelbaumarten (Sitkafichte und Douglasie) durchführt, kann ebenfalls Ertragsverluste in der Holzwirtschaft verursachen.

Als weitere Holzschädlinge unter den nach Europa eingeschleppten Neozoen seien noch der Amerika-nische Nutzholzborkenkäfer *(Gnothotrichus materiarius)* und der Schwarze Nutzholzborkenkäfer *(Xylosandrus germanus)*, die aus Nordamerika bzw. Ostasien stammen und durch ihre Bohrgänge diverse Baumarten schädigen können, genannt.

Auch Mufflon und Damwild (vgl. S. 70ff.) können die Forstwirtschaft durch Verbiss an jungen Bäumen schädigen.

Unterglasanbau

In der heutigen Zeit umspannt der Handel mit Pflanzen und Pflanzenprodukten den ganzen Erdball. Dies hat zur Verschleppung zahlreicher Milben- und Insektenarten geführt, die im Unterglasanbau beste Lebensbedingungen vorfinden. Viele dieser Arten können in Gewächshäusern überleben und sich vermehren, da das künstlich erzeugte Mikroklima in den Gewächshäusern oft weitgehend dem ihrer Herkunftsländer entspricht. Von den 52 häufigsten und wichtigsten Schädlingen im Unterglasanbau sind 29 als nicht heimische Arten anzusehen. Bedenkt man, dass z. B. im Jahr 1992 Zierpflanzen im Wert von ca. 3 Milliarden Mark in die Bundesrepublik Deutschland eingeführt wurden, wird offensichtlich, welche beträchtlichen wirtschaftlichen Schäden im Unterglasanbau durch eingeschleppte Schädlinge angerichtet werden können.

Im Folgenden sollen 3 der wichtigsten Schädlinge des Gemüse- und

In Treibhäusern finden viele Neozoen »heimische« Bedingungen.

Zierpflanzenanbaus in Gewächshäusern vorgestellt werden.
Die zu den Mottenschildläusen
gehörende Gewöhnliche Gewächshaus-Weiße-Fliege *(Trialeurodes va-
porariorum)* stammt wahrscheinlich
aus Mittelamerika und ist schon
seit etwa 1848 in europäischen Gewächshäusern etabliert. In dieser
Zeit hat sie sicherlich mehr als 1 000
Generationen durchlaufen. Die Gewöhnliche Gewächshaus-Weiße-
Fliege kann auf weit mehr als
200 Pflanzenarten existieren. Die
Jugendstadien und die erwachsenen
Tiere schädigen ihre Wirtspflanzen
durch den Entzug von Nährstoffen
und das Aussscheiden von Honig-
tau, in dem sich Schwärzepilze

ansiedeln, die die Pflanzen ebenfalls schädigen. Einige Stämme dieser Mottenschildlaus sind bereits

Die Weiße Fliege ist schon seit über 150 Jahren
in europäischen Gewächshäusern anzutreffen.

gegen einige herkömmliche Pflanzenschutzmittel resistent. Daher wird die Gewöhnliche Gewächshaus-Weiße-Fliege im Unterglasanbau heute meist mit einem Nützling, nämlich der ebenfalls nicht der heimischen Fauna entstammenden Schlupfwespe *Encarsia formosa* bekämpft.

Ein weiterer bedeutender eingeschleppter Gewächshausschädling ist der Kalifornische Blütenthrips (*Frankliniella occidentalis*). Dieses zur Familie der Blasenfüße gehörende Insekt stammt aus den Prärien Nordamerikas und trat erstmals 1983 in Europa auf. Mittlerweile ist der Thrips in ganz Europa verbreitet. Während er jedoch in Mittel- und Nordeuropa vornehmlich auf Gewächshäuser beschränkt ist, kommt er in Südeuropa aufgrund der dort für ihn besseren klimatischen Bedingungen auch im Freiland vor. Der Kalifornische Blütenthrips kann ebenfalls auf mehr als 200 Pflanzenarten existieren und durch Fraß diese schwer schädigen. Da er resistent gegen viele Insektizide ist, wird er im Unterglasanbau mit Nützlingen (Raubmilben, Raubwanzen, Florfliegenlarven), die der heimischen Fauna entstammen, bekämpft. Ein relativ neu eingeschleppter Schädling im Unterglasanbau ist die aus Mittel- und Südamerika stammende Minierfliege *Liriomyza huidobrensis*. Die Minierfliege wurde erstmals 1990 in Süddeutschland entdeckt. *Liriomyza* schädigt zahlreiche Gemüse- und Zierpflanzen durch ihre minierenden Larven, die bei den Wirtspflanzen Blattschädigungen hervorrufen, die zum Absterben der Pflanzen führen können. Aufgrund ihrer versteckten Lebensweise sind die Minierfliegen mit Insektiziden nur schwer zu bekämpfen. Eine biologische Bekämpfung mit Schlupfwespen zeigte jedoch gute Erfolge.

Wasserwirtschaft

Auch in der Wasserwirtschaft können einige Neozoen und Neophyten schwere Schäden anrichten. Die Dreikant- oder Wandermuschel wurde vermutlich mit Ballastwasser von Schiffen in die »Großen Seen« nach Nordamerika eingeschleppt. Dort breitete sie sich rasch »pestartig« aus. Im Eriesee finden sich die Muscheln in einer Dichte von bis zu 900 000 Individuen pro Quadratmeter. Sie verstopfen Wasserzu- und -abflüsse von Industrieanlagen, Kraftwerken und Trinkwasseraufbereitungsanlagen. Um die Rohrleitungen wieder zu reinigen, müssen in den betroffenen Gebieten jährlich viele Millionen US-Dollar ausgegeben werden. Die bisherigen Schäden werden auf 5 Milliarden Dollar geschätzt.

Der Bisam unterminiert oft Dämme und Deiche und ruft so Überschwemmungsschäden hervor, deren Beseitigung hohe Kosten verursacht. Ähnliches gilt für die Wollhandkrabbe (vgl. S. 112).

Die Wasserwirtschaft hat auch mit einigen Neophyten Probleme hinsichtlich der Sicherung von Flussufern. Vor allem der Japanische Staudenknöterich, aber auch der Sachalinknöterich können bei einer Massenvermehrung mit ihrem Wurzelstock Dämme destabilisieren und Uferabbrüche verursachen. Die dann anfallenden Reperaturmaßnahmen bzw. eine Bekämpfung der Knöterich-Arten verursachen erhebliche Kosten.

Gefährdung der Gesundheit des Menschen

Es gibt nur wenige Neozoen und Neophyten, die die Gesundheit des Menschen gefährden. Neben der Wanderratte und der Pharaoameise, die als Krankheitsüberträger bekannt sind (vgl. S. 60 und S. 94) sei hier noch der Riesenbärenklau genannt, dessen Pflanzensaft giftig ist und bei Sonneneinstrahlung zu schweren Hautverbrennungen beim Menschen führen kann (vgl. S. 49).

Einschleppung von Krankheiten und (gebietsfremden) Parasiten

Ende der 1980er Jahre kam es in Nord- und Ostsee zu einem damals in den Medien großes Aufsehen erregenden Robbensterben, dem über 18 000 Seehunde zum Opfer fielen. Untersuchungen ergaben, dass Staupeviren Auslöser für das Robbensterben waren, die sehr wahrscheinlich durch Sattelrobben in die Nordsee eingeschleppt wurden. Die Sattelrobben waren – wahrscheinlich bedingt durch die Überfischung

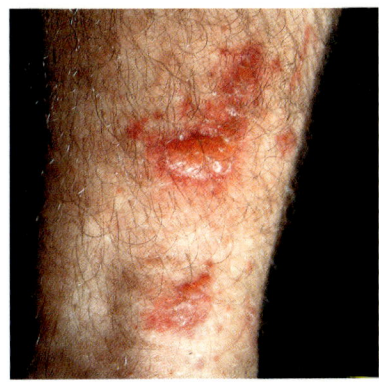

Der Pflanzensaft des Riesenbärenklaus ist giftig und führt bei Hautkontakt zu Verletzungen.

der arktischen Gewässer und die damit verbundene Nahrungsverknappung – in die Nordsee eingewandert. Die Seehunde besaßen im Gegensatz zu den Sattelrobben keine Antigene gegen die Staupeviren und waren zusätzlich durch die hohe Schadstoffbelastung in der Nordsee geschwächt. Erst eine Ausbildung von Antigenen stoppte das Seehundsterben. Inzwischen haben die Seehundbestände wieder ein Ausmaß wie vor der Seuche erreicht.

Der Bisam richtet nicht nur großen wasserwirtschaftlichen Schaden an, sondern ist auch Wirt des Fuchsbandwurms. Während der Bisam diese Rolle in seiner nordamerikanischen Heimat nicht spielt, weil der Fuchsbandwurm dort nur vereinzelt vorkommt, ist er in Europa ein optimaler Überträger des Bandwurms, da er gern von Füchsen gefressen wird.

Zur Ergänzung des Fangangebots für den Angelsport wurden neue Fischarten eingeführt, durch die auch neue Krankheiten und Parasiten nach Mitteleuropa gelangten.

Durch die Einfuhr von Jungaalen aus Asien für die Aquakultur wurde auch der (zu den Fadenwürmern gehörende) Aalparasit *Anguillicola crassa* mit eingeschleppt, der in der Schwimmblase von Aalen lebt. Da sich der europäische Aal als ausgezeichneter Wirtsfisch erwies, breitete sich der Parasit, der in seinem Heimat eher unbedeutend ist, von 1982 – 1989 rasch in fast ganz Europa aus. Der Parasit bewirkt eine ansteigende Sterblichkeitsrate bei den Aalen. Da eine weitere Aus-

breitung nur schwer einzudämmen ist, muss mit Folgen für den europäischen Bestand der Aale gerechnet werden.

Beeinträchtigung von jagdbarem Wild und Fischerei

Der Marderhund (vgl. S. 66f.) wird in einigen Ländern Europas wegen der Beeinträchtigung des Niederwildes nicht gerne gesehen und deshalb auch bejagt. Hingegen stellt der aus Nordamerika importierte Waschbär, entgegen anfänglichen Befürchtungen, wohl keine Gefahr für die heimischen Waldhühnerarten wie Auerhuhn und Birkhuhn dar. Von beiden Säugetierarten ist jedoch bekannt, dass sie Überträger von Krankheiten wie z. B. der Tollwut sind.

Der aus China eingeführte Graskarpfen zerstört durch Fraß die Laich- und Nahrungsplätze wichtiger einheimischer Fischarten und ist deshalb bei vielen Fischern und Teichbesitzern nicht gerne gesehen. Die mit dem Amerikanischen Flusskrebs aus Nordamerika eingeführte sogenannte Krebspest hat seit Ende des 19. Jahrhunderts zu einer fast vollständigen Vernichtung der heimischen Edelkrebsbestände geführt. Die aus Asien stammende Wollhandkrabbe ist bei einem Massenauftreten als Fischereischädling gefürchtet.

Ein Fischereischädling der Meere ist die Rippenqualle *Mnemiopsis leydii*. Die an eine durchsichtige Stachelbeere erinnernde, nur ca. 7 cm große Rippenqualle ist ein gefräßiger Räuber, der sich unter anderem auch von Fischbrut ernährt. Die Rippenquallen wurde Anfang der 1980er Jahre mit Ballastwasser von Schiffen aus ihrer Heimat, den amerikanischen Atlantikküstengewässern, in das Schwarze Meer eingeschleppt. Dort vermehrte sie sich explosionsartig. In einem einzigen Kubikmeter Wasser wurden bis zu 500 Rippenquallen entdeckt. Der Schaden für die Fischereiwirtschaft soll bei ca. 250 Millionen Dollar liegen. Zur Zeit breitet sich die Rippenqualle via Bosporus in Richtung Mittelmeer aus.

Nutzen durch Neozoen und Neophyten

Wirtschaftlich erwünscht ist natürlich die Einfuhr von Nutztieren und Nutzpflanzen. Man stelle sich nur eine europäische Landwirtschaft ohne Kartoffeln, Tomaten, Tabak und Mais vor – alles Kulturpflanzen, die nach der Entdeckung Amerikas von dort nach Europa eingeführt wurden.

Zum Nutzen der Forstwirtschaft wurden Robinie und Douglasie eingeführt. Mit den Pflanzen wurden allerdings oft auch Schädlinge (z. B. Kartoffelkäfer) eingeschleppt, die vorher hier nicht heimisch waren. Zu den wirtschaftlich erwünschten Tierarten gehören u.a. Damhirsch, Mufflon, Fasan und Regenbogenforelle sowie der Bisam, die entweder in der Pelzzucht und Fleischwirtschaft oder Jagd und Fischerei von Bedeutung sind. Oft werden auch natürliche Feinde von Schädlingen – sogenannte Nützlinge – aus fremden Ländern importiert, um auf insektizidfreiem Wege bestimmte Schädlinge (die oft ebenfalls Neozoen sind) zu bekämpfen. Diese Art der Schädlingsbekämpfung wird vor allem im Unterglasanbau und in der Forstwirtschaft betrieben.

So wurde z. B. der zu den Laufkäfern gehörende und in Europa verbreitete Große Puppenräuber

Der Schwammspinner ist ein gefährlicher Forstschädling – hier ein Weibchen bei der Eiablage. Um ihn in Nordamerika zu bekämpfen, wurde der Große Puppenräuber aus Europa dort einführt.

(*Prostephanus iruncatus*), ein aus Südamerika eingeschleppter Käfer, große Teile der Maisernte. Durch Aussetzen seines heimatlichen Fressfeindes, des Stutzkäfers *Teretriosoma nigrescens*, der sich offensichtlich nur von Kornbohrkäfern ernährt, konnte der Kornbohrkäfer in Togo gut kontrolliert werden.

Aber der unüberlegte Import von vermeintlichen Nützlingen kann auch zu Katastrophen führen. Ein klassisches Beispiel hierfür ist der Import von Mangusten nach Jamaika. Im 18. Jahrhundert wurden dort große Teile der Zuckerrohrernte durch Ratten vernichtet. Nach erfolglosen Bekämpfungsversuchen mit importierten Frettchen, Ameisen(!) und Agakröten entschloss man sich der Rattenplage mit eingeführten Indischen Mangusten (Schleichkatzen) Herr zu werden. Nach einigen erfolgreichen Anfangsjahren hatten die Ratten jedoch gelernt, den Mangusten, die schlechte Kletterer sind, auszuweichen. Die Mangusten wandten sich anderen Beutetieren zu. Da sich unter diesen viele Insektenfresser wie Vögel, Frösche, Kröten und Schlangen befanden, stieg die Anzahl der Schadinsekten rapide an. Große Ernteverluste waren die Folge. Zudem wurden einige heimische Arten vollständig ausgerottet. Dieses und ähnliche Beispiele zeigen, dass beim Import von Nützlingen zur biologischen Schädlingsbekämpfung äußerst vorsichtig vorgegangen werden muss.

(*Calosoma sycophantha*) nach Nordamerika eingeführt, um eine an Laubbäumen schädliche Schmetterlingsart, den Schwammspinner (*Lymantria dispar*) zu bekämpfen. In einigen afrikanischen Ländern vernichtete der Große Kornbohrer

Was bringt die Zukunft ?

Was wird uns die Zukunft bezüglich neuer Tier- und Pflanzenarten bringen, weltweit, in Mitteleuropa und vor unserer Haustür? Wie werden sich Klimaveränderungen, steigende Mobilität und globale Handelsbeziehungen auf die Zusammensetzung unserer Tier- und Pflanzenwelt auswirken? Kommt es zur Verdrängung einheimischer Tier- und Pflanzenarten? Und schließlich: Welche Gefahren drohen für den Menschen durch das Vorkommen neuer Arten in ökologischer, ökonomischer und vor allem in gesundheitlicher Hinsicht? Wie gefährlich sind neue Tier- und Pflanzenarten für den Menschen, die giftig bzw. Träger oder Überträger von Krankheiten und Parasiten sind? Dies ist nur eine geringe Auswahl an Fragen, die sich Fachleute und Politiker, zunehmend aber auch Laien stellen.

Helfen kann hier ein Blick auf Entwicklungen in der Vergangenheit. Bekanntermaßen ergab sich klimabedingt ein verstärkter natürlicher Zustrom an Tier- und Pflanzenarten seit dem Ende der letzten Eiszeit vor 12 000 Jahren in unseren Regionen. Dies geschah ohne nennenswerte ökologische Katastrophen, sieht man einmal von dem natürlichen Prozess des Zurückgehens bzw. Verschwindens von Kälte liebenden Tier- und Pflanzenarten ab.

Direkt vom Menschen verursacht oder indirekt beeinflusst, erhielt dieser Prozess besonders in den letzten Jahrhunderten eine neue Qualität. So stieg seit der Entdeckung Amerikas das Auftreten von neuen Tier- und Pflanzenarten kontinuierlich an und hat sich in den letzten Dekaden fast exponenziell gesteigert. Man unterscheidet beim Auftreten neuer Tier- und Pflanzenarten vier Perioden:

1. das Zeitalter der Entdeckungen (16. Jahrhundert),
2. das Zeitalter des Kolonialismus (17. und 18. Jahrhundert),
3. das Zeitalter der industriellen Revolution (1830–1950),
4. das Zeitalter der menschlichen Mobilität (ab 1950).

In jedem dieser Zeitalter gab es, soweit wir heute wissen, ein Auftreten neuer Arten aus ganz unterschiedlichen, für die betreffende Periode charakteristischen Gründen. Das Zeitalter der Entdeckungen (16. Jahrhundert) und das Zeitalter des Kolonialismus (17. und 18. Jahrhundert) sind gekennzeichnet durch Importe von Kultur- und Gartenpflanzen in hoher Zahl aus den Kolonien. Dagegen ist die Zahl der in diesem Zeitraum zu uns gelangten neuen Tierarten (Haustiere, Jagdtiere, Tiere der Menagerien, Tier- und Pflanzenparasiten)

Im 17., 18., und 19. Jahrhundert wurden Fasane und andere Ziervögel in sogenannten Fasanerien gezüchtet – hier die Fasanerien beim Jagdschloss Moritzburg (Sachsen).

wesentlich geringer. Im Zeitalter der industriellen Revolution (1830–1950) und vor allem im Zeitalter der menschlichen Mobilität (ab 1950) ergab sich eine erhebliche Steigerung des Austauschs an Pflanzen- und Tierarten zwischen den Kontinenten. Einerseits trugen der Ausbau der internationalen Verkehrs- und Handelsbeziehungen, die Einfuhr weiterer Nutztiere (u.a. zur Pelz- und Fleischgewinnung, zu Jagd- und Fischereizwecken) sowie die Einfuhr neuer Nutzpflanzen gemeinsam mit der Änderung der Landnutzungsformen in Mitteleuropa zu diesem Austausch bei. Andererseits hat auch das Interesse des Menschen an exotischen Tier- und Pflanzenarten zur Haltung in Aquarien, Terrarien, Zier- und Parkteichen, in Zoologischen und Botanischen Gärten und Wildgehegen diese Entwicklung maßgeblich gefördert.

Nicht vergessen werden soll in diesem Zusammenhang auch die im letzten Jahrhundert aufgekommene Mode, die einheimische Fauna und Flora durch Einbringen gebietsfremder Organismen zu »verschönern« und zu »bereichern«. So genannte Akklimatisationsgesellschaften wurden hierzu gegründet und gebietsfremde Tier- und Pflanzenarten nach »Lust und Laune« in die freie Natur gebracht. Probleme ökologischer und ökonomischer Art, die bis heute nicht behoben werden konnten, ergaben sich letztendlich vielerorts, so z. B. in Australien, Neuseeland und Nordamerika.

Es ist sicher ein Trugschluss anzunehmen, dass der Austausch neuer Tier- und Pflanzenarten zwischen den Kontinenten zu Beginn des 21. Jahrhunderts seinen Höhepunkt erreicht hat. Wir leben heute in einer Zeit der langsamen, aber stetigen Temperaturerhöhung, die jetzt schon weltweit ökologische Veränderungen mit sich bringt – und stärkere noch bringen wird. Schließlich gilt das Klima mit seinen Auswirkungen (u. a. Temperaturmaxima und -minima, Niederschläge und deren Verteilung) als einer der wesentlichen Faktoren, die das Vorkommen von Tier- und Pflanzenarten bestimmen. Mit den Folgen des sich abzeichnenden Klimawandels auf die Umwelt wird auch eine Umgestaltung der Ökosysteme, besonders von Fauna und Flora verbunden sein. Für bisher erfolglose Wärme liebende Arten werden sich verbesserte Umweltbedingungen ergeben, die ein Überdauern z. B. von

Botanische Gärten sind seit dem Zeitalter der Entdeckungen und des Kolonialismus ein »Brückenkopf« für fremdländische Pflanzenarten.

weniger ausgeprägten winterlichen Kälteperioden ermöglichen. Das erfolgreiche und dauerhafte Vordringen von wärmeliebenden, gebietsfremden Insekten-, Amphibien-, Reptilien- und Vogelarten in die freie Natur in den letzten Jahrzehnten scheint dies zu belegen.

Damhirsche werden in Gehegen zur Fleischproduktion gezüchtet.

Entlang der Bahndämme könnte sich eine typische Ruderalflora mit einem hohen Anteil an Neophyten ausbreiten.

Heute existieren kaum Regionen oder Orte auf der Welt, die nicht mit einem Verkehrs- oder Transportmittel erreicht werden können. Hierdurch kommt es zum Kontakt mit und damit auch zum Einschleppen von fremden Organismenarten, die sich zu Neubürgern entwickeln können. Durch die Intensivierung der menschlichen Mobilität und internationaler Verkehrs- und Handelsbeziehungen werden geographische Barrieren (z. B. Gebirgszüge, Ozeane, Wüsten, isolierte Insellagen), die früher eine Ausbreitung neuer Arten verhinderten, überwunden. Mit Holz-, Zierpflanzen-, Gemüse- und Obstlieferungen aus Übersee, im Ballasttankwasser der auf Meeren verkehrenden Schiffe sowie in und an Frachtcontainern gelangen täglich eine Vielzahl von neuen Organismen oder deren Eier, Dauer- und

Jugendstadien zu uns. Mit dem Schiff, per Bahn oder Flugzeug im »Huckepack-Verfahren« als »blinde Passagiere« überbrücken sie Tausende von Kilometern in kürzester Zeit und gelangen bis in unsere Verkehrs- und Warenumschlagzentren (Bahnhöfe, Häfen, Flughäfen). Von dort können sie sich beim Vorliegen geeigneter Bedingungen weiter in die freie Natur und in die Siedlungsbereiche ausbreiten. Diese Vorgänge werden sich in den kommenden Jahren und Jahrzehnten mit großer Wahrscheinlichkeit noch verstärken. Wir dürfen daher in der Zukunft weltweit, in Mitteleuropa und selbst vor unserer Haustüre vermehrt neue Tier- und Pflanzenarten erwarten, wobei auch einheimische Arten von den Einwanderern verdrängt werden können, wie am Beispiel der Pflanzen verdeutlicht werden soll.

In fast allen Biotoptypen in Deutschland kommen inzwischen nicht heimische Pflanzenarten vor. Besonders stark vertreten sind Neophyten in Lebensräumen mit einem hohen Niveau anthropogener Störungen und/oder einer hohen Umweltdynamik, etwa auf Ackerstandorten oder in urban-industriellen Lebensräumen. Von den in Deutschland nachgewiesenen erwa 2150 Pflanzenarten sind 26% den Kategorien »ausgestorben« oder »gefährdet« zuzuordnen. Bei 43 Pflanzenarten wird »Einführung von Exoten« für den Rückgang verantwortlich gemacht. Neophyten sind historisch gesehen wesentlich kürzer in einem Gebiet vertreten als einheimische Arten und fallen für viele stark spezialisierte Insekten wie verschiedene Wildbienen- und Schmetterlingsarten als Nahrungspflanzen aus. Die Ausbreitung von Neophyten hat somit auch direkten Einfluss auf die Tierwelt. Gab es bisher wenige nachgewiesene Verdrängungen einheimischer Arten durch die Neubürger, so wird dieser Anteil in Zukunft mit dem fast täglichen Zustrom weiterer Arten zunehmen. Zu erwarten ist eine Angleichung und Vereinheitlichung der Floren und Faunen in ähnlichen Klimazonen weltweit. Bereits jetzt sehen Wissenschaftler darin eine der größten negativen Beeinträchtigungen und Veränderungen der

Umwelt in der zweiten Hälfte des vergangenen Jahrtausends. Man wertet diese Belastungen schwerer als die bisher durch Umweltverschmutzung und Schadstoffbelastung hervorgerufenen Umweltveränderungen.

Mit dem Zustrom neuer Arten kann auch für den Menschen die Gefahr einer gesundheitlichen Beeinträchtigung durch Gifttiere und -pflanzen sowie durch Krankheitsträger und Überträger zunehmen. Berichtet wird über Fälle der so genannten Flughafenmalaria des Bodenpersonals auch in mitteleuropäischen Flughäfen, die von in Flugzeugen mitgeführten Moskitos infiziert wurden. Untersuchungen in London ergaben, dass bei 12 von 67 Lang-

Flughäfen sind nicht nur »Umschlagplätze« für Waren, sondern oft auch für als »blinde Passagiere« mitreisende Tier- und Pflanzenarten.

streckenflügen tropische Moskito-
arten mitgeführt wurden. Moskito-
arten kommt bei der Übertragung
von Malaria und Gelbfieber sowie
weiterer Infektionskrankheiten eine
entscheidende Rolle zu. Aber auch
andere bakterielle und viröse
Krankheiten können durch neue
Tierarten in unsere Breiten gebracht
werden.

Ein bisher wenig beachtetes Thema
– das an dieser Stelle nur kurz
angesprochen werden kann – ist
die Freisetzung transgener Arten.
Dies sind gentechnisch manipulierte
Tiere, Pflanzen und Mikroorganismen, die bestimmte und gewünsch-
te Merkmale in sich vereinen, die
unter natürlichen Bedingungen
nicht miteinander kombinierbar gewesen wären. Als Beispiel sei eine
gentechnisch manipulierte Erdbeer-
sorte genannt, die ohne Qualitäts-
verlust (Festigkeit und Geschmack)
tiefgefroren werden kann. Bei dieser neuen Kreation führte man Ge-
ne einer wohlschmeckenden Erd-
beersorte mit ausgewählten Genen
einer kälteresistenten, arktischen
Fischart zum gewünschten Endpro-
dukt zusammen. Bei Nutzpflanzen
(z. B. Mais) »implantiert« man das
Gen für die Resistenz gegen bestimmte Pflanzenschutzmittel, sodass nur die Ackerunkräuter den
Bekämpfungsmaßnahmen erliegen.
Außerdem haben Wissenschaftler
dem so genannten Gen-Mais ein
Resistenzgen gegen Antibiotika ein-
gebaut, welches als »Marker-Gen«
zur Markierung der gentechnisch
veränderten Pflanzen dient und für

den Anbau auf dem Feld nicht von
Bedeutung ist. Nach Auffassung einiger Wissenschaftler könnte das
von Tier und Mensch über Futter-
oder Nahrungsmittel aufgenomme-
ne Gen zu Resistenzerscheinungen
gegenüber Antibiotika führen. Ehe-
mals hochwirksame und lebenser-
haltende Medikamente wären dadurch für Mensch und Tier wir-
kungslos geworden.

Es ist abzusehen, dass auch solche
»Superorganismen« (Pflanzen, Tiere, Mikroorganismen) in naher Zukunft in die freie Natur entweichen
können, wo sie auf nicht derart
»optimal« ausgestattete Arten tref-
fen und diese verändern oder sogar
verdrängen könnten. Einerseits wäre ein Verlust der genetischen Res-
sourcen der in der Natur vorkommenden Tier- und Pflanzenarten zu
befürchten. Andererseits besteht
die Gefahr, dass freigesetzte oder
aus der Obhut des Menschen entkommene transgene Organismen
nicht mehr kontrollierbar sind und
ökologische, ökonomische, gesund-
heitliche sowie soziale Katastrophen heraufbeschwören könnten,
ähnlich den Zeilen des Gedichtes
»Der Zauberlehrling« von Johann
Wolfgang von Goethe: »Die ich rief,
die Geister, werd´ ich nun nicht
los.« Durch die Freisetzung transgener Arten kann die Thematik eine
neue, wesentlich gefährlichere Qualität erreichen.

Was ist zu tun? Wie eingangs er-
wähnt, stellen sich zum Thema
»Neozoen und Neophyten« viele
Fragen. Die Mehrzahl dieser Fragen

Blühende Rapsfelder beleben im Frühjahr die Landschaft. Werden sie mit genmanipulierten Sorten eine Gefahr für die Umwelt?

kann heute noch nicht beantwortet werden, da es häufig an geeigneten Vergleichsmöglichkeiten und an biologischem Grundwissen über einwandernde Tier- und Pflanzenarten sowie über Reaktions- und Anpassungsmechanismen von einheimischen und neuen Arten in der Umwelt fehlt. Die Problematik muss thematisiert und Entwicklungen müssen sorgfältig beobachtet werden. Es besteht ein hoher Forschungsbedarf. Ob die Veränderungen einer Pflanzengesellschaften als ein Verlust oder eine Bereicherung für die betreffende Lebensgemeinschaft empfunden werden, hängt vom Blickwinkel des Betrachters und von unserer wirtschaftlichen und artenschutzrechtlichen Zielset-

zung ab. Hier besteht weiterer Diskussionsbedarf. Eine breite Information der Öffentlichkeit über die Folgen der Ausbreitung gebietsfremder bzw. transgener Organismen ist notwendig. Einzubeziehen sind zum einen die »professionellen« Anwender wie Landwirte, Förster, Gärtner, Tierhändler, zum anderen auch die privaten Tierhalter, Hobbygärtner und Angler. Bei der Behandlung und Beurteilung der Situation ist Augenmaß gefordert. Der Handlungsspielraum ist sehr eng und die Gefahr von Aktionismus entsprechend groß. Es ist Sorge zu tragen, dass die Abwehr gebietsfremder Arten nicht Überfremdungsängste in der Gesellschaft rechtfertigt oder gar fördert.

Neue Pflanzen- und Tierarten in Mitteleuropa

Späte und Kanadische Goldrute

Solidago gigantea und *Solidago canadensis*

Familie Korbblütler, Compositae. Die beiden Arten ähneln sich sowohl in ihrem ökologischen und physiologischen Verhalten als auch in ihrem Aussehen stark. Sie werden deshalb im Folgenden gemeinsam besprochen; wo es Unterschiede gibt, wird dies vermerkt.

Merkmale: An dem oberen Ende des 0,5–2,5 m hohen, kräftigen, aufrechten Stängels sind kleine, gelbe Blütenköpfchen zu vielen bogig gekrümmten Trauben in einer pyramidenförmigen Rispe zusammengefasst. Die Blütenköpfchen werden außen von Zungenblüten und innen von Röhrenblüten gebildet. Die Blätter sind eiförmig-lanzettlich (8–10 cm lang) und leicht gezähnt, in den geflügelten Blattstiel herablaufend. Der Wurzelstock treibt Ausläufer. Wichtigstes Unterscheidungsmerkmal zwischen den beiden Arten ist die Behaarung: *S. canadensis* ist an Stängel und Blättern behaart, *S. gigantea* ist kahl.

Biologie: Die beiden Arten benötigen viel Licht und bevorzugen lockeren, tiefgründigen, kalkhaltigen, frischen bis feuchten Boden. Sie kommen deshalb häufig auf Kahlschlägen, Flurbereinigungsgebieten und Schuttunkrautfluren, an Uferböschungen und entlang von Straßen und Bahndämmen vor. Insgesamt zeigen sich die Arten tolerant gegenüber Klimastress und Bodentrockenheit. Lang andauernde Überschwemmung wird allerdings nicht vertragen und führt zum Absterben. Blütezeit ist von Mitte Juli bis Oktober. Die selbststerilen Pflanzen sind zur Bildung keimfähiger Samen auf Insektenbestäubung angewiesen. Zu den häufigsten Blütenbesuchern zählen Schwebfliegen

Die Kanadische Goldrute (rechts) ist im Gegensatz zur Späten Goldrute an Stängel und Blättern behaart.

und Honigbienen. Die pro Stängel bis zu 19 000 gut flugfähigen braunen Schließfrüchte (Achänen) sind mit einem weißlichen Haarkranz (Pappus) ausgerüstet. Die ausgeprägte Konkurrenzkraft liegt zum einen in der effektiven Fernverbreitung durch die Samen und zum anderen in der Vermehrung mittels Neuaustrieb aus dem unterirdischen Sprossteil, auch Rhizom genannt. Im Laufe der Jahre können so aus einer Mutterpflanze ausgedehnte Herden vegetativ erzeugter Sprosse (Klone) entstehen. Die Rhizome dienen nicht nur der vegetativen Vermehrung, sondern sind auch Speicherorgan für Wasser, Nährstoffe und Assimilate.

Ursprüngliche Verbreitung: Die beiden Arten sind in Nordamerika beheimatet und kommen fast in den gesamten USA vor.

Heutige Verbreitung: *S. canadensis* wurde 1648, *S. gigantea* 1758 aus dem atlantischen Nordamerika vermutlich nach England als Zierpflanze eingeführt. Beide wilderten aus Gärten aus und haben sich über Müllhalden, verwahrloste Schrebergärten, Ödland, Baugelände und Flussauen ausgebreitet. Erste Auswilderungen werden in Deutschland für Westfalen um 1850 vermerkt. In Baden-Württemberg begann die Einbürgerung um 1900. Seit etwa 1950 breiten sich die Pflanzen explosionsartig aus. Heute sind die beiden Goldruten-Arten, bis auf die Hochlagen der Mittelgebirge, nahezu flächendeckend verbreitet.

Wissenswertes: Imker förderten die Verbreitung und Verwilderung durch absichtliches Ausbringen als Bienentrachtpflanze. Untersuchungen belegen jedoch, dass während der Blüte nur »mäßige« Nektar- und Pollenwerte erreicht werden und nur wenige Wildbienen-Arten diese Arten während der Blüte aufsuchen. Ein gezieltes Ausbringen dieser beiden Arten ist aus Sicht des Wildbienenschutzes abzulehnen, da durch das starke Ausbreitungspotenzial wichtige Wildbienen-Futterpflanzen verdrängt werden.

Maßnahmen zur Zurückdrängung der *Solidago*-Arten müssen über mehrere Jahre hinweg vor der Blüte erfolgen. Ein möglichst kurzes Abmähen ohne Verletzen der Vegetationsdecke bei trockener Witterung kann die Ausbreitung erfolgreich eindämmen.

Naturheilkundlich finden die Saponine als Inhaltsstoffe Verwendung. Sie wirken stark harntreibend und werden bei Nieren- und Blasenleiden eingesetzt. Arzneilich verwendet werden wässrige oder alkoholische Auszüge des zur Blütezeit geernteten Krautes. In ihrer Heimat wurden die trockenen Schließfrüchte der Goldruten früher von verschiedenen Indianerstämmen zu Ernährungszwecken gesammelt.

Ähnliche Arten: In Nordamerika kommen etwa 130 Arten vor, in Mitteleuropa ist lediglich die <u>Echte Goldrute</u> (*Solidago virgaurea*) beheimatet. Es besteht ein reiches *Solidago*-Sortiment im kommerziellen Zierpflanzenbau.

Topinambur
Helianthus tuberosus

Familie Korbblütler, Compositae.
Merkmale: Die auch als »Erdbirne«,
»Süßkartoffel«, »Knollige Sonnenblume« oder »Jerusalem-Artischocke«
bezeichnete mehrjährige Pflanze
wird bis zu 3 m hoch und bildet
zahlreiche, unterirdische, winterharte und essbare Knollen. An einem
aufrechten Stängel sitzen gestielte,
eiförmige, gezähnte, raue Blätter,
die 10–25 cm lang und 7–10 cm
breit werden können.
Biologie: Die Wärme liebende Art
bildet dichte, langlebige (bis zu
20 Jahre) Bestände in Tieflagen.
Zunächst als Gemüse- und Futterpflanze kultiviert, verwilderte die
Art dann auf nährstoffreichen, frischen Sand- und Lehmböden und
wächst an Ufern stark verschmutz-
ter (eutrophierter) Gewässer. Die
gelben, 4–8 cm breiten, gestielten
Blütenköpfchen sitzen in den Ach-
seln der oberen Laubblätter, sind
zwittrig und blühen von August bis
November. Die fremdbestäubende
Kurztagspflanze benötigt weniger
als 12 Stunden Sonnenlicht zur Blüte. Wegen des späten Blühtermins
kommt es nur selten zum Ausreifen
von Samen. Die generative (ge-
schlechtliche) Vermehrung ist deshalb beim Topinambur unbedeutend. Anders die vegetative Vermehrung durch unterirdische Spross-
knollen: Im Juli und August bildet
die Pflanze an den unterirdischen
Ausläufern länglich-spindelförmige,
kartoffelähnliche Knollen, die als

Der Topinambur dient als Futterpflanze für
Haus- und Wildtiere.

Kohlenhydratspeicher dienen und
im nächsten Frühjahr neue oberirdi-
sche Sprosse austreiben können.
Mit ihren Ausläufer-Knollen kann
die Art bestehende Pflanzengesellschaften »unterwandern« und diese
mittels eines schnellen
Höhenwachstum im Frühjahr und
durch Bildung eines dichten, stark
beschattenden Bestandes flächendeckend überwuchern.
Ursprüngliche Verbreitung: Die
Herkunft des Topinamburs ist nicht
eindeutig geklärt, vermutet wird
Mexiko. Heute kommt der Topinambur im zentralen und östlichen
Nordamerika vor und gilt als Kulturpflanze der Indianer aus vorkolum-
bischer Zeit. Von dort erfolgte

Die inulinhaltigen Knollen des Topinambur werden als Diätgemüse und zur Schnapsherstellung genutzt.

die Einbürgerung nach Mittel- und Osteuropa.

Heutige Verbreitung: Der Topinambur gelangte 1607 nach Frankreich und schnell galten die Knollen dort als Delikatesse. Auch die jungen Topinambur-Blätter können ähnlich dem Spinat als Gemüse gegessen werden. Aus den Knollen wird der Topinambur-Schnaps gebrannt. Erst mit der Verbreitung der Kartoffel um 1770 ließ das Interesse am Topinambur als Gemüse nach. Nach Deutschland kam der Topinambur um 1626. Für das Jahr 1728 wird zum ersten Mal ein feldmäßiger Anbau bei Jena erwähnt. Die erste Ausbreitungswelle verwilderten Topinamburs setzte in Deutschland bevorzugt an Flussufern um 1930 ein.

Wissenswertes: Die inulinhaltigen Knollen sind ein wichtiges Diätgemüse. Sie sind deshalb besonders diabetikergeeignet, da das Kohlenhydrat Inulin durch Erhitzen zu Fructose abgebaut wird und nicht wie Stärke zu Glucose. Der Topinambur dient aber auch als Futterpflanze für Nutztiere und als Wildfutter- und Deckungspflanze. Wegen der rauen Blätter werden bevorzugt die Jungtriebe zur Äsung angenommen. Bei Nagern (Bisam-, Wanderratten, Schermäusen und Wildkaninchen) sind die Knollen eine beliebte Nahrung. Die von ihnen freigelegten Knollen und Knollenbruchstücke werden leicht verschleppt oder bei Hochwasser verschwemmt. Zur Ufersicherung ist die Pflanze nicht geeignet, da ihre Sprosse und Wurzeln bei Frost absterben und zusätzlich die auf »Knollensuche« befindlichen Nager die Uferbereiche aufwühlen, sodass verstärkt Uferabbrüche die Folge sein können.

Ein Eindämmen der Art wird am effektivsten durch zweimalige Mahd (Ende Juni und Ende August) über 2 Jahre hinweg erreicht. Je nach Größe des Bestandes und Beschaffenheit des Geländes kann mit dem Freischneidegerät oder mit Mulchgerät und Fräse gearbeitet werden. Damit die durchgeführten Maßnahmen zum gewünschten Erfolg führen, muss immer genau gearbeitet werden. An Fließgewässern ist es notwendig, die Maßnahmen am Oberlauf zu beginnen und auch die Nebenflüsse mit einzubeziehen.

Ähnliche Arten: Die Gattung umfasst etwa 70 Arten. Zu ihr gehören wichtige Kulturpflanzen wie die Sonnenblume (*Helianthus annuus*).

Die stark duftenden Blüten des Sommerflieders sind Nektarquelle für Bienen und Schmetterlinge.

Sommerflieder
Buddleja davidii

Familie Sommerfliedergewächse, Buddlejaceae. **Merkmale:** Der wie die Tomate und die Kartoffel zu den Nachtschattengewächsen zählende, bis 5 m hohe Strauch zeigt charakteristische, filzig behaarte Zweige mit bis zu 25 cm großen, gegenständigen, schmal-lanzettlichen Blättern, die an ihrer Oberseite dunkelgrün und auf der Unterseite graufilzig sind.

Biologie: Die Pflanzen bevorzugen warm-trockene Standorte mit kalkreichen Böden. Die stark duftenden lila Blüten bilden von Juli bis September 15–20 cm lange, schmal-kegelige, endständige Rispen und ziehen Bienen und Schmetterlinge stark an. Die Blüten weisen eine lange Kronröhre mit einem flach ausgebreiteten Kronsaum auf. **Ursprüngliche Verbreitung:** Die Pflanze stammt aus China und Tibet. **Heutige Verbreitung:** Die auch »Chinesischer Fliederspeer«,

»Schmetterlingsflieder« oder »Spitzähriger Schmetterlingsstrauch« genannte Art, wurde zunächst in wärmere Teile Europas als Zierstrauch eingebürgert. 1928 wurde der Sommerflieder erstmals in Deutschland auf einer Kiesbank im Rhein entdeckt. Die Art verbreitete sich wahrscheinlich nach dem Zweiten Weltkrieg ausgehend von Bahnhöfen der Oberrheinebene weiter entlang von Bahnlinien und kommt heute auch an Uferböschungen von Seen und an Straßenrändern vor. Die Bestände werden auch als »Vorwaldstadien« für Robinien-Ansiedlungen gedeutet.

Wissenswertes: Der Sommerflieder stellt eine wichtige Nektarquelle für Bienen und Schmetterlinge dar. Die Pflanzen spielen ökologisch für die Artenvielfalt der Schmetterlinge jedoch keine Rolle, da die Art keine spezielle Futterpflanze für die Schmetterlingsraupen ist. Es wurden mehrere Sorten mit unterschiedlicher Blütenfarbe gezüchtet. Besonders attraktiv und deshalb in Gärten und Parks häufig zu finden sind die dunkelviolett bis tiefrot blühenden Sorten. Obwohl der Sommerflieder sich rasch ausgebreitet hat, sind bisher negative Auswirkungen von *Buddleija davidii*-Beständen auf die heimische Flora nicht erkennbar.

Ähnliche Arten: Die Familie der Sommerfliedergewächse ist vor allem in den Tropen und Subtropen mit ungefähr 20 Gattungen und ca. 160 Arten verbreitet. 4 Arten davon gelten in Deutschland als eingebürgert.

Robinie
Robinia pseudoacacia

Familie Schmetterlingsblütler, Leguminosae. **Merkmale:** Der bis 30 m hohe, raschwüchsige, sommergrüne Laubbaum wird im Volksmund häufig als »Falsche Akazie« oder »Scheinakazie« bezeichnet. Die Robinie bildet eine lockere, abgerundete Krone und Dornen unter jedem Blattansatz. Die dicke, hell- bis dunkelgraue Rinde ist tief gefurcht. Die Äste stehen gedreht an einem kurzen Stamm, der zur Zwieselbildung (Doppelkrone) neigt. Die wechselständigen, ca. 20–30 cm langen, dunkel- bis hellgrünen Blätter werden aus 9–19 elliptischen, unpaarigen, ganzrandigen Fiederblättern gebildet.

Biologie: Die anspruchslose Art bevorzugt leichte Böden in den warmen Lagen des Tief- und Hügellandes. Sie meidet nasse, moorige Standorte. Von Mitte bis Ende Juni blühen die weißen, selten rosaroten, stark duftenden, zwittrigen 1,5–2,5 cm großen Schmetterlingsblüten in 10–20 cm langen, hängenden Trauben. Die sich aus den Blütentrauben bildenden 5–10 cm langen, dunkelbraunen, ledrigen Hülsen mit je 4–10 braunen Samen bleiben in Büscheln bis zum Winter hängen. Vegetativ vermehrt sich die Robinie sehr effektiv durch Wurzelsprosse. Die weitgehend winterfrosthart, aber frühfrostgefährdete Licht- und Pionierbaumart bildet ein dichtes Wurzelwerk und wurde deshalb häufig zur Bodenbefestigung an Böschungen und Halden gepflanzt. Mittels Knöllchenbakterien an den Wurzeln ist die Robinie in der Lage, Luftstickstoff zu binden. Zusammen mit der sehr stickstoffreichen Laubstreu entsteht so eine bodenverbessernde Wirkung. Durch diese Stickstoffanreicherung kann es zur dauerhaften Verschiebung des Artenspektrums am Standort hin zu Stickstoff liebenden Arten kommen.

Ursprüngliche Verbreitung: Die Robinie stammt aus den Appalachen, einem Gebirgszug im Osten der USA.

Heutige Verbreitung: Die Robinie wurde um 1630 nach Frankreich eingeführt und gelangte um 1670 nach Deutschland. Von Berlin aus wurde die Robinie vor allem in Brandenburg seit etwa 1750 großflächig zur Ödlandaufforstung verwendet und seitdem auch in Süddeutschlands Weinbaulandschaften angepflanzt, um an Robinienholzpfählen die Weinreben anzubinden. Sie breitet sich seither überwiegend in Süd- und Mitteldeutschland stark aus. Im westlichen Norddeutschland erreichte die Scheinakazie bereits das Wesergebirge (Porta Westfalica) und dehnt sich weiter auf der Geest aus. Im Nordosten ist die Robinie inzwischen sehr verbreitet an vielen Waldrändern. Zunächst als Zier-

Die duftenden Blüten der Robinie nutzt die Parfümindustrie.

baum in Gärten und Parks angepflanzt, erfolgte später auch die
forstliche Nutzung. Die Art gehört
heute zu den am weitesten verbreiteten fremdländischen Baumarten.
Wissenswertes: Die meisten Teile
der Robinie sind giftig. Ein Anpflan-
zen in der Nähe von Kinderspiel-
plätzen sollte daher unterlassen
werden. Das braune Holz ist sehr
hart und widerstandfähig (dauerhaf-
ter als Eiche) und wird bevorzugt
zum Drechseln sowie für Pfosten,
Fußböden und witterungsbeständi-
ge Gartenmöbel verwendet. Die
duftenden Blüten nutzt die Parfümindustrie. Zudem sind sie für die
Imker eine beliebte Bienenweide.

Ähnliche Arten: Es gibt ca. 20 Arten
in Nordamerika und Mexiko, die
auch staudig oder strauchig ausgeprägt sind und dann als Gründün-
gungs- oder Schattenpflanzen in
Kultur sein können.

Götterbaum
Ailanthus altissima

Familie Bittereschengewächse,
Simaroubaceae. **Merkmale:** Der
raschwüchsige, sommergrüne, bis
25 m hohe Laubbaum besitzt eine
glatte, graubraun-schwarzbraun ge-
streifte Rinde. Die große Krone ist
gewölbt und etwas unregelmäßig,

Der Götterbaum kommt häufig verwildert auf Schuttplätzen vor.

mit dicken, steilen Ästen und einem kurzen Stamm. Die großen, 40–90 cm langen, unpaarigen Fiederblätter werden von 13–25 schmal-elliptischen Blättchen gebildet, erscheinen erst Anfang Juni und sind zunächst dunkelrot. Sie besitzen an der Basis wenige große Zähne, die auf der Unterseite deutliche Drüsen tragen. Der Laubfall erfolgt spät und ohne Herbstfärbung.

Biologie: Der Götterbaum ist licht- und wärmebedürftig. Auf frischen, nährstoffreichen Böden, als Zierbaum in Anlagen sowie verwildert auf Schuttplätzen findet man ihn zunehmend häufiger. Die Blüten sind ein- oder zweigeschlechtig, manchmal zweihäusig verteilt und bilden im Juli eine grünlichgelbe, ca. 25 cm lange hängende Rispe mit – bei einhäusiger Verteilung – männlichen und weiblichen Blüten. Die 3–5 cm langen, beflügelten Nüsschen sind schmal, rötlichbraun und stehen in dichten Büscheln beisammen. Die Vermehrung erfolgt auch vegetativ durch unterirdische Wurzelausläufer.

Ursprüngliche Verbreitung: Der Götterbaum stammt aus Süd- und Ostasien (China).

Heutige Verbreitung: Die Baumart kam 1751 nach Europa. Heute ist sie in ganz Europa verbreitet, besonders in Gebieten mit milderem Klima.

Wissenswertes: Die Bittereschengewächse zeichnen sich durch einen hohen Gehalt an Bitterstoffen aus. Sie werden deshalb zum Teil von Naturvölkern als Arzneipflanzen verwendet. Die Gattung *Ailanthus* war bereits im Tertiär vertreten, heute kommt sie mit 15 Arten auf verschiedenen Kontinenten vor. Der Götterbaum ist die wichtigste Art dieser Gattung, die in Mitteleuropa als Freilandziergehölz kultiviert wird. Zur Blütezeit verbreitet der Götterbaum einen unangenehmen Geruch. Er ist unempfindlich gegen Emissionen und Staubbelastungen und eignet sich zur Anpflanzung in Industriegebieten.

Ähnliche Arten: Zu den Bittereschengewächsen gehören etwa 150 Arten, die überwiegend in den Tropen beheimatet sind. 3 winterharte Arten von *Ailanthus* werden in Europa angepflanzt.

Riesen-Bärenklau

Heracleum mantegazzianum
(Heracleum giganteum)

Familie Doldengewächse, Umbelliferae. **Merkmale:** Der Riesen-Bärenklau, auch Herkulesstaude genannt, erreicht eine Höhe von 3–5 m. An dem bis 10 cm dicken, teils rot gefleckten und hohlen Stängel der Staude entstehen mehrere weiße, im Durchmesser bis 0,5 m große charakteristische Blütendolden. Die tief fiederteiligen, bis 3 m langen Blätter sind grob gezähnt und an der Unterseite von einer rauhen Behaarung überzogen.

Biologie: Die Staude wächst auf Grünlandbrachen, sowie in Fluss- und Bachauen. In Siedlungsgebie-

Der Riesen-Bärenklau besitzt ein gewaltiges Ausbreitungspotenzial.

ten bildet der Riesen-Bärenklau z. T. hochwüchsige, dicht schließende Bestände. Der zwei- bis dreijährige Riesen-Bärenklau blüht von Juni bis August. Die Blütenstände werden von zahlreichen Insekten besucht. Nach dem Blühen und Ausreifen der Samen zieht die Pflanze ihre grünen, oberirdischen Teile ein. Die Samen erreichen eine Größe von 10–14 mm, sind eiförmig, mit borstig behaarten Randrippen, und werden sowohl mit dem Wind über kürzere Distanzen (bis 100 m) verbreitet als auch auf dem Wasser bis zu 3 Tage (bis 10 km) transportiert. Die Art vermehrt sich rein generativ und bringt während einer Vegetationsperiode 6 000–10 000 Samen hervor. Bei trockener Lagerung können die Samen bis zu 7 Jahre keimfähig bleiben.

Ursprüngliche Verbreitung: Der Riesen-Bärenklau ist im Kaukasus beheimatet.

Heutige Verbreitung: Die Art kam im 19. Jahrhundert nach Mitteleuropa. Nachweislich wurde der Riesen-Bärenklau um 1890 in Genf gezogen und von dort als Kulturpflanze weiter verbreitet. Als auffällige Solitärpflanze ursprünglich in botanischen und Privatgärten kultiviert, besiedelt die anspruchslose Art heute verschiedenste Standorte. Der Riesen-Bärenklau wurde ab Mitte des 20. Jahrhunderts in Jagdzeitschriften als Deckungspflanze für Wild propagiert. Die Pflanze ist dafür jedoch nicht geeignet, da sie ihre »verdeckenden« Blätter erst in der Zeit ausbildet, in der die meisten Feldfrüchte ebenfalls in voller Größe entwickelt sind; zudem verliert sie mit den ersten Nachtfrösten das Laub.

Imker säten den Riesen-Bärenklau bis Anfang 1990 als Bienenweide aus. Diese Art ist als Trachtpflanze jedoch uninteressant, da sie im Hochsommer zu einer Zeit blüht, in der genügend andere Bienenpflanzen verfügbar sind.

Unabsichtlich erfolgt eine Verbreitung durch Gartenabfälle und Bauschutt. Seit etwa 1960 zeigt der Riesen-Bärenklau ein weit gestreutes Vorkommen mit stetig zunehmendem Ausbreitungspotenzial.

Wissenswertes: Der Pflanzensaft des Riesen-Bärenklaus ist wegen seines Gehaltes an Furanocumarinen giftig und führt bei Hautkontakt zu Rötungen, Schwellungen und Blasenbildungen (s. auch Foto S. 27). Bei Sonneneinstrahlung, verbunden mit hoher Luftfeuchtigkeit kann der Pflanzensaft bei allergisch reagierenden Menschen und Kindern besonders starke Hautreizungen hervorrufen. Gerade bei mechanischen Bekämpfungsmaßnahmen kommt es immer wieder zu schweren Hautentzündungen, deshalb immer unbedingt mit Handschuhen und vollständig bekleidet arbeiten. Sollte trotzdem Pflanzensaft auf die Haut gelangen, ist diese sofort mit Wasser abzuwaschen. Als effektivste mechanische Maßnahmen zur Eindämmung des Riesen-Bärenklaus erwiesen sich bisher zum einen das Abstechen der obersten Wurzelstockschicht im Herbst oder zeitigen Frühjahr und zum anderen ein ein- oder mehrmaliger Schnitt zu Beginn oder während der Blüte. Da die Pflanze nach einem Schnitt aus dem Wurzelstock sowohl Blüten als auch Blätter nachtreiben kann, ist stets darauf zu achten, sämtliche Blüten vor der Samenreife zu entfernen. Dies macht auch eine mehrmalige Kontrolle der Bestände notwendig. Eine Bekämpfung entlang von Fließgewässern sollte immer am Oberlauf begonnen werden. Aufgrund der enormen Samenmenge des Fruchtstandes ist es notwendig, alle Maßnahmen über mehrere Jahre hintereinander konsequent zu wiederholen.

Das Ausbreitungspotential der Pflanze ist so auffällig, dass die Pop-Gruppe »Genesis« bereits 1971 dem »giant hogweed« ein Lied widmete. Darin heißt es unter anderem ».....turn and run, nothing can stop them, around every river and canal their power is growing....«.

Ähnliche Arten: Die 60 Arten der Gattung Bärenklau sind in Eurasien beheimatet und besonders im Orient und den Bergländern Indiens reich entwickelt. In der mitteleuropäischen Flora kommen 3 Arten als Wiesenpflanzen vor: der Österreichische, der Gelbblütige und der Wiesen-Bärenklau.

Indisches Springkraut
Impatiens glandulifera

Familie Springkrautgewächse, Balsaminaceae. **Merkmale:** Der deutsche Gattungsname dieser einjährigen, bis zu 2 m hohen krautigen Pflanze bezieht sich auf die Fruchtkapsel, deren Klappen bei der Reife aufspringen und die Samen weit ausschleudern. Das Indische Springkraut wird oft auch »Drüsiges Springkraut« genannt, weil Blatt-

Die heimische Vegetation wird häufig vom Indischen Springkraut überwuchert.

stiel und Blattgrund mit unangenehm riechenden Drüsen versehen sind. Der kräftige, aufrechte, knotig gegliederte Stängel ist mit gegenständigen, lanzettlichen, gestielten bis 25 cm langen Blättern besetzt, die auch zu dreien quirlständig angeordnet sein können.

Biologie: Als Standort bevorzugt die Schatten- und Halbschattenpflanze feuchte bis nasse, nährstoffreiche, schwach saure bis basische Böden mit hohem Grundwasserstand oder luftfeuchte Gebiete. Von Juli bis Oktober hängen die meist auffällig roten bis violetten, stark nach Obst duftenden Einzelblüten zweiseitig-symmetrisch in Trauben am sich endverzweigenden Spross. Am dreizähligen Blütenkelch ist das untere Kelchblatt fingerhutförmig ausgebildet und zeigt einen bis 4 cm langen, schlanken, zurückgekrümmten Sporn, der den stark zuckerhaltigen Nektar enthält. Die Bestäubung der selbstfertilen Blüten erfolgt hauptsächlich durch Honigbienen, seltener durch Hummeln. Pro Pflanze können sich 1600–4300 Samen entwickeln. In Reinbeständen können sich so bis zu 32 000 Samen pro Quadratmeter bilden. Die reifen Samen werden bis zu 7 m aus der Kapsel geschleudert. Die Fernverbreitung erfolgt entlang von Fließgewässern, hauptsächlich durch Hochwasser. Die trockenen Samen werden im Wasser und nicht auf der Wasseroberfläche transportiert und sinken bei geringer Fließgeschwindigkeit schnell auf den Gewässergrund.

Die vegetative Vermehrung spielt eine untergeordnete Rolle. Grundsätzlich können abgerissene Sprossteile an den Knoten am Boden wieder wurzeln und zu ganzen Pflanzen heranwachsen. Umgeknickte Pflanzen können an den Knoten bei Bodenberührung Adventivwurzeln bilden und durch Seitentriebe wieder aufrecht weiterwachsen. Die Konkurrenzkraft liegt in der Bildung großer Samenmengen verbunden mit üppigem Höhenwachstum begründet. Der Verdrängungseffekt ist beim Springkraut nicht so groß wie bei der Goldrute oder dem Staudenknöterich.

Ursprüngliche Verbreitung: Das Indische Springkraut stammt ursprünglich aus dem westlichen Himalaya zwischen 1 800 und 3 000 m Höhe.

Das Indische Springkraut stammt aus dem Himalaya.

Heutige Verbreitung: Die Art kam 1839 nach England, von wo aus sie in europäischen Gärten kultiviert wurde. 1904 wird sie erstmals südlich Basel beschrieben, 1927 bei Breisach. Sie kommt heute in ganz Europa vor, außer dem eigentlichen Mittelmeergebiet.

Wissenswertes: Das Springkraut ist bei Imkern sehr beliebt und wurde deshalb auch lange als Bienenfutterpflanze ausgesät. Der späte Blühzeitpunkt des Springkrautes führt jedoch angeblich dazu, dass der Nektar nicht mehr gewinnträchtig geschleudert werden kann. Eine Verbreitung erfolgte auch durch die Ablagerung von Gartenabfällen und die Verschleppung mit Erdaushub.

Ein effektives Zurückdrängen des Springkrautes geschieht durch vollständiges Mähen kurz vor der Blüte. Um die Adventivwurzelbildung zu verhindern, muss das Mähgut beseitigt werden. Wegen der hohen Samenproduktion und der langen Keimfähigkeit der Samen müssen alle Pflegemaßnahmen sorgfältig und über mehrere Jahre hinweg durchgeführt werden. Auch hier lautet die Devise: So spät, so viel und so genau wie möglich. Das Indische Springkraut breitet sich weiterhin aus und säumt teilweise große Strecken an Fluss- und Bachufern oder besiedelt flächendeckend Feuchtbrachen. Aus wasserwirtschaftlicher Sicht führen derartige Monokulturen gerade an Fließgewässern zu Problemen, da bei diesen Beständen die bodensichernde Wirkung durch das Absterben der Wurzeln während der Frostperiode unterbleibt.

Manche Völker verwenden einzelne *Impatiens*-Arten zum Gelb-, Rot- und Schwarzfärben von Haut und Nägeln.

Ähnliche Arten: Zu den Springkrautgewächsen gehören 2 Gattungen mit annähernd 850 Arten, die größtenteils in tropischen und subtropischen Gebirgswäldern verbreitet sind. In Mitteleuropa sind davon 6 Arten anzutreffen.

Japanischer Staudenknöterich und Sachalinknöterich

Reynoutria japonica und
Reynoutria sachalinensis

Familie Knöterichgewächse, Polygonaceae. Die beiden Arten ähneln sich sowohl in ihrem ökologischen und physiologischen Verhalten als auch in ihrem Aussehen stark. Sie werden deshalb im Folgenden gemeinsam besprochen; wo es Unterschiede gibt, wird dies vermerkt.

Merkmale: Die 1–4 m hohen Wildstauden besitzen lederartige, gestielte 5–20 cm lange und 5–10 cm breite, dreieckig-eiförmige, satt grüne Blätter, die an knotig gegliederten oberwärts buschig verzweigten Stängeln sitzen. Wichtigstes Unterscheidungsmerkmal zwischen den beiden Arten ist das Blatt: Das von *R. japonica* ist kleiner, mit kurzem

Basisstängel. Das Blatt läuft zudem vorne plötzlich spitz zu und ist glatt und kahl. Bei *R. sachalinensis* sind die Blätter größer, meist deutlich herzförmig. Das Blatt spitzt sich vorne allmählich zu, ist leicht behaart und »runzelig«. Die kleinen, weißlichen Blüten bestehen aus 5 Blütenhüllblättern, 3 gefransten Narben und 8 Staubblättern.

Biologie: Die Standorte reichen von vorwiegend nassen, über grundwassernahe, bis zeitweise überflutete meist kalkarme, tonige Schotter- und Kiesböden ebener bis mittlerer Gebirgslagen. Die Hauptverbreitung erfolgt vegetativ über den tief reichenden, unterirdischen Wurzelstock, der zahlreiche Ausläufer verschiedener Länge bilden kann und so ausgedehnte, meist sehr dichte Bestände entstehen lässt. Verschleppungen von Wurzelstücken mit dem Hochwasser, mit Erdbewegungen nach Baumaßnahmen oder mit Gartenabfällen bedingen die Ausbreitung. Die Samenverbreitung spielt kaum eine Rolle, da diese Arten zweihäusig sind, d. h. es bilden sich große Bestände mit entweder rein weiblichen oder rein männlichen Blüten, die sich bisher über größere Entfernungen nicht bestäuben konnten. Letztlich muss das Ausmaß der generativen Vermehrung noch geklärt werden.

Ursprüngliche Verbreitung: *R. japonica* stammt aus Ostasien und ist in China, Korea und Japan weit verbreitet. Die Heimat von *R. sachalinensis* liegt auf der nördlich Japans gelegenen Insel Sachalin. Dort wur-

Der Japanische Staudenknöterich wurde als Zier- und Viehfutterpflanze nach Europa eingeführt.

den die Bestände als Viehfutter zu Silage verarbeitet.

Heutige Verbreitung: Die beiden Knöterricharten wurden ursprünglich als Zier- und Viehfutterpflanzen im 19. Jahrhundert nach Mitteleuropa eingeführt. *R. japonica* kommt bei uns bisher weit häufiger vor.

Wissenswertes: Die Arten wurden zunächst als Wildfutter angebaut und als Deckungspflanze für Fasane. Es zeigte sich jedoch, dass die Stauden selbst in Rotwildrevieren zur Äsung nicht angenommen wurden, und als Deckungspflanze sind sie wegen des Blattfalls im Winter ebenso wenig geeignet, da die dürren Stängel zu wenig Sichtschutz bieten. Die Blüte wird im Wesent-

Beim Sachalin-Staudenköterich sind die Blätter deutlich größer als beim Japanischen Staudenknöterich.

lichen nur von Honigbienen und verschiedenen Schwebfliegenarten aufgesucht.

Die große Konkurrenzkraft liegt im starken vegetativen Ausbreitungsvermögen und schnellen Höhenwachstum gegenüber anderen Stauden und ist somit durch Beschattung und Wurzelkonkurrenz begründet. Von Interesse sind heute Versuche, die Pflanze zur Dekontamination von Böden einzusetzen. Offensichtlich können die Stauden Schwermetalle wie Cadmium und Blei anreichern. Aus wasserbaulicher Sicht sind diese Arten bei der Sicherung von Flussufern abzulehnen. Da das Wurzelwerk im Winter abstirbt, kann der Boden an den dann frei werdenden Uferrändern nicht mehr gehalten werden und es entstehen zusätzlich Angriffsflächen für die erodierende Kraft des Hochwassers. Im Gegensatz zu Beständen mit der standorttypischen Schwarzerle werden so Uferabbrüche gefördert. Deshalb werden die beiden Arten in einigen Gebieten Deutschlands intensiv bekämpft. Ziel von mehrjährig durchzuführenden Bekämpfungsmaßnahmen muss die Schwächung der Rhizome sein. Dies wird erreicht durch Ausgraben oder häufiges Aufreißen (alle 4 Wochen) der Wurzelstöcke. Ein mehrmals durchgeführter Schnitt führt zumindest zu einer Stagnation von Ausbreitung/Wachstum.

Ähnliche Art(en): *Reynoutria japonica* ist in Ostasien (China, Korea und Japan) mit mehreren Variationen weitverbreitet. Im kommerziel-

len Zierpflanzenbau wird ein reiches *Reynoutria*-Sortiment geführt.

Douglasie
Pseudotsuga menziesii

Familie Kieferngewächse, Pinaceae.
Merkmale: Neben den Mammutbäumen ist *Pseudotsuga* der stattlichste Baum der Pazifikküste Nordamerikas (Höhe bis 100 m, Stammdurchmesser bis 4 m). In Europa wird der immergrüne, raschwüchsige Nadelbaum ca. 55 m hoch. Die Krone der Douglasie ist anfangs kegelförmig, später abgeflacht und erscheint dann durch waagerecht abstehende Äste breit und unregelmäßig (vgl. Foto S. 16). Die flachen, weichen und stumpfen Nadeln stehen radial oder gescheitelt auf einem leicht erhobenen, schiefen Polster des Zweiges auf und weisen zwei Wachsstreifen auf der Unterseite auf. Zerriebene Nadeln strömen einen süßen, fruchtig-harzigen Geruch aus. Die Rinde ist anfangs grau, dünn und glatt, mit charakteristischen Harzbeulen und wird später rot- bis graubraun und tief gefurcht. Die Blüten sind einhäusig verteilt. Die walzenförmigen, gelben männlichen Blüten sitzen einzeln an der Zweigunterseite, die weiblichen in aufrechten, 1,5−2 cm langen, grünlichen bis roten aufrechten Zäpfchen.
Biologie: Der winterharte Nadelbaum bevorzugt tiefgründige, mäßig saure, frische Lehmböden und braucht ständige Luftfeuchte. Die Douglasie gehört zu den Halbschatten-Holzar-

Hängende Zapfen der Douglasie.

Holzqualität dieser Nadelbaumart zusammen. Der jährliche Längenzuwachs kann bis zu 1 m betragen. Das harte, feste und rotbraune Kernholz ist wertvoll und vielseitig verwendbar, z.B. für Möbel, Furniere, Fußböden oder auch zur Herstellung von Masten, Pfosten und Papier. Das Reisig bildet einen gesuchten Schmuck.

ten. Sie blüht Mitte bis Ende Mai. Die 5–10 cm langen, hellbraunen, hängenden Zapfen fallen bei Samenreife als Ganzes ab und sind durch die dreizackigen Spitzen der vorragenden Deckschuppen gekennzeichnet. **Ursprüngliche Verbreitung:** Die Douglasie ist im Westen Nordamerikas, in Japan, China und Taiwan beheimatet. **Heutige Verbreitung:** Die Art wurde 1791 von Archibald Menzies, einem schottischen Naturforscher, in Britisch Columbia, Kanada, entdeckt und 1827 von David Douglas in England kultiviert. In Mitteleuropa findet sich die Art in Parks, Gärten und als Forstbaum. **Wissenswertes:** Die Douglasie ist der wichtigste angebaute ausländische Baum in der deutschen Forstwirtschaft. Dies hängt mit der Schnellwüchsigkeit und der hohen

Ginkgo
Ginkgo biloba

Familie Ginkgogewächse, Ginkgoaceae. **Merkmale:** Die charakteristisch fächerförmigen Blätter des im Chinesischen auch »Elefantenohrbaum« oder »Mädchenhaarbaum« genannten Baumes sind relativ derb. Sie besitzen nahezu parallele, fein gabelig verzweigte Nerven, haben in der Mitte einen Einschnitt, der den Namen begründet (»*biloba*«=zweilappig), und bilden Blattbüschel an Kurztrieben. Der Blattstiel ist lang, es gibt keine mittlere Rippe wie bei den Laubbäumen, sondern zwei Seitenrippen. Der winterharte, sommergrüne Ginkgobaum erreicht eine Höhe von 30 m. Die Rinde ist zunächst graubraun feinrissig, später grob gefurcht. **Biologie:** An seinen Standort stellt der Ginkgo keine besonderen Ansprüche. Ebenso ist diese Lichtbaumart relativ unempfindlich gegen Luftverschmutzungen. Der Ginkgo kommt in Mischwäldern bis in Lagen von 750 m vor. Er ist zweihäusig, d.h. es gibt Pflanzen mit männ-

Ginkgo-Blätter nehmen im Herbst eine gold-gelbe Färbung an.

tigen Früchte, im chinesischen auch als »Silberaprikose« bezeichnet, tragen eine buttersäurehaltige und damit unangenehm riechende, fleischige Fruchthülle und haben einen Durchmesser von ca. 3 cm.

Ursprüngliche Verbreitung: Aus Versteinerungen weiß man, dass die Gattung *Ginkgo* schon vor rund 60 Mio. Jahren, also zur Zeit der Dinosaurier, existiert haben muss. Die Gattung zeigte damals einen großen Artenreichtum und war nicht zuletzt an der Entstehung der Braunkohle beteiligt. Vor der letzten Eiszeit war die Gattung *Ginkgo* im Gebiet um das heutige Frankfurt am Main verbreitet. Eine von vielen Arten überlebte die Eiszeit im wärmeren Ostasien. Darwin bezeichnete den Ginkgo deshalb als lebendes Fossil. Der Ginkgo stammt aus dem östlichen China, der Provinz Chekiang.

lichen oder weiblichen Blüten. Die Blüten erscheinen von April bis Juni. Die weiblichen, mirabellenar-

Ginkgo-Früchte (»Silberaprikosen«) werden in der Medizin verwendet.

Heutige Verbreitung: Der Ginkgobaum wurde von Engelbert Kaempfer (1651–1716) als beliebter Parkbaum nach Europa eingeführt. Im Botanischen Garten zu Utrecht wurden um 1730 die ersten Kulturversuche durch Aussaat unternommen. 1795 wurde ein Ginkgo am Eingang des Botanischen Gartens in Leiden gepflanzt.

Wissenswertes: Botanisch gesehen nimmt der Ginkgo eine Sonderstellung ein. Er gehört nicht wie die Laubgehölze zu den Bedecktsamern, sondern bildet neben den Nadelgehölzen eine eigene Klasse innerhalb der Nacktsamer.

Der Ginkgo besitzt eine große Widerstandsfähigkeit gegen Insektenfraß, Bakterien-, Virus-, und Pilzkrankheiten.

Der Baum ist in Japan ein Symbol und steht für Hoffnung, langes Leben, Fruchtbarkeit, Freundschaft, Anpassung und Unbesiegbarkeit. Die gerösteten Früchte sind dort eine Delikatesse und gelten als unverzichtbares Lebenselexier. Bald entdeckte auch die Wissenschaft den Baum und begann ihn zu erforschen. Aus China ist die durchblutungsfördernde Wirkung des Ginkgo-Extraktes bekannt. Die Ginkgo-Früchte sind reich an Stärke und Eiweiß und arm an Fetten und werden geröstet bei unterschiedlichen Indikationen eingesetzt: gegen Husten, Asthma, Bluthochdruck, Nervosität.

Das »Wunder von Hiroshima«: Bei der Explosion der Atombombe war ein Ginkgo, der nur 800 m entfernt vom Zentrum der Atombombenexplosion stand, total zerstört worden. 1 Jahr nach dieser Explosion, im Frühjahr 1946, trieb der Wurzelstock wieder aus. Dieser Baum wurde dokumentiert und fotografiert als »Atombomben-Ginkgo von Hosenbo in Hiroshima«.

Tintenfischpilz
Clathrus archeri

Familie Rutenpilze, Phallales.

Merkmale: Der farbenprächtige Pilz ähnelt im Reifezustand einem Tintenfisch mit ausgebreiteten Armen. Die satt himbeerroten, bis zu 12 cm langen »Arme« sind an der Basis miteinander verbunden und für den menschlichen Verzehr ungeeignet.

Biologie: Als Standort bevorzugt der Tintenfischpilz nährstoffreiche, grasige Laubwälder. Er ist ein naher Verwandter der in unseren Wäldern häufig anzutreffenden Stinkmorchel. Wie diese entwickelt er zunächst ein schmutzig weißes, rundliches »Hexenei«, eine bis 6 cm große Kugel, die kurz vor der Reife des Pilzes aus dem Boden bricht. In dieser Kugel ist der Pilzfruchtkörper vorgebildet. Bei der Reife im Juli bis Oktober platzt die Oberhaut am Scheitel auf und es schieben sich 4–6 bananenförmige Arme heraus, die sich strecken, rötlich werden und sternenförmig auf den Boden legen. Die netzgrubige Innenseite der Arme ist von einer dunkel olivgrünen Sporenmasse bedeckt. Diese Sporenmasse (Gleba) lockt mit ihrem üblen, aasartigen Geruch Flie-

Tintenfischpilz im Reifezustand und als Hexenei.

gen und Mistkäfer an, die durch ihre Nahrungsaufnahme die Pilzspo-
ren weiter verbreiten.

Ursprüngliche Verbreitung: Als Heimat des Pilzes werden Australien
und Neuseeland vermutet.

Heutige Verbreitung: Der Tintenfischpilz kam während des Ersten
Weltkrieges von Australien mit Woll-
importen nach Europa. Von Mar-
seille verbreitete sich der Pilz nach

Norden und konnte 1914 erstmals
in den französischen Vogesen nachgewiesen werden. Von dort erreichte er in den 1940er Jahren Oberbay-
ern, den Schwarzwald, die Schweiz
und Österreich und gelangte in den
1950er Jahren nach Norditalien, in
den 1960ern nach Tschechien und
in die neuen Bundesländer. Inzwischen ist er weiter nach Osten vor-
gedrungen.

Wanderratte

Rattus norvegicus

Ordnung Nagetiere, Rodentia.
Merkmale: Die Wanderratte ist
20–25 cm lang (ohne Schwanz) und
bis 500 g schwer. Die Färbung des
Rückens schwankt von rotbraun bis
graubraun, die Unterseite ist weiß
bis hellgrau. Der fast nackte, etwa
20 cm lange Schwanz hat weniger
als 200 Ringe.
Biologie: Ursprünglich war die Wanderratte an das Wasser gebunden.
Als Siedlungsfolger gelangt sie oft
über die Kanalisation in den unmit-
telbaren Lebensbereich des Menschen. Sie kommt auf Mülldeponien
und in Stallungen vor, kann aber
auch an trockenen Orten (Getreide-
speicher, Lebensmittelbetriebe, Woh-
nungen) gefunden werden. Die Wanderratte ist tags und in der Dämmerung aktiv. Sie wirft 2- bis 4-mal
etwa 8 Junge im Jahr, die in etwa
3 Monaten fortpflanzungsfähig werden, d. h. ein Rattenpaar kann theoretisch über 1000 Nachkommen pro
Jahr erzeugen. Das Nest besteht
meist aus einer flachen Mulde. Im
Frühjahr verlassen die Ratten oft die
Gebäude und leben im Freien, um
im Herbst zurückzukehren.
Im Freien graben sie sich oft Erdhöhlen. Gerne werden Gänge unter
befestigtem Boden entlanggeführt.
Die Wanderratte ist ein Allesfresser,
ein großer Teil ihrer Nahrung ist aber
tierischer Herkunft. Sie greift auch
größere Tiere (Hühner, Enten, Kanin-

Die Wanderratte ist ein ausgezeichneter Schwimmer.

chen) an, tötet sie und nagt sie an. Gewöhnlich frisst sie im Bau. Sie springt, schwimmt und taucht gut. Bei Neubesiedlung eines Gebäudes vertreibt das kräftigste Paar zunächst alle anderen. Seine Nachkommenschaft bleibt im Rudel zusammen, dessen Mitglieder eine Fraß- und Paarungsgemeinschaft bilden.

Urspüngliche Verbreitung: Die ursprüngliche Heimat der Wanderratte sind wahrscheinlich die Steppen Nordchinas und der Mongolei.

Heutige Verbreitung: Die Wanderratte wurde mit Schiffen nach Europa verschleppt. Belegte Erstbeobachtungen in Europa liegen erst zu Beginn des 18. Jahrhunderts vor. So wurden Wanderratten erstmals 1730 in England, 1735 in Frankreich, 1750 in Deutschland und 1755 in Nordamerika festgestellt. Von den Hafenstädten aus erfolgte eine schnelle Ausbreitung. Heute ist die Wanderratte fast weltweit verbreitet.

Wissenswertes: Wanderratten sind Träger und Überträger von Krankheiten auf Menschen und Tiere. So können die Erreger der so genannten Weilschen Krankheit über durch Ratten verunreinigte Lebensmittel beim Menschen Gelbsucht hervorrufen. Weiterhin können durch Ratten Tollwut und Salmonellen übertragen werden. In der Viehhaltung spielen sie als Trichinenträger eine nicht unbedeutende Rolle. Als Vorratsschädlinge können Wanderratten großen Schaden anrichten. Lebensmittel werden nicht nur durch Fraß vernichtet, sondern auch durch Kot und Urin verunreinigt und da-

durch ungenießbar gemacht. Durch ihre Nagetätigkeit können die Wanderratten erhebliche Materialschäden anrichten.

Heute werden Ratten mit Fraßködern mit blutgerinnungshemmenden Wirkstoffen (Cumarinderivate) bekämpft. Da die Wirkstoffe außerdem noch eine Kapillartoxizität aufweisen, treten in den verschiedensten Organen und Geweben der Ratten innere Blutungen auf, die schließlich zum Tod führen. Die Ratten spüren von der beginnenden Vergiftung nichts und entwickeln auch keine Giftscheu und können so die Artgenossen nicht vor den Giftködern warnen. Allerdings gibt es seit Ende der 1950er Jahre in manchen Gegenden Resistenzprobleme gegenüber Cumarinderivaten. Die resistenten Ratten werden auch als sogenannte »Superratten« bezeichnet. Aufgrund ihrer Intelligenz und ihrer unglaublichen Anpassungs- und Widerstandsfähigkeit werden sich die Wanderratten in den kommenden Jahrzehnten nicht ausrotten lassen.

Ähnliche Arten: Durch ihre große Anpassungsfähigkeit ihre größere Stärke und Aggressivität verdrängte die Wanderratte die bereits seit dem frühen Mittelalter in Europa heimische Hausratte (*Rattus rattus*) weitgehend. Hausratten sind kleiner und schlanker als Wanderratten. Im Gegensatz zu den Wanderratten ist der Schwanz länger als der Rumpf. Die Hausratte, genauer ihre Flöhe als Überträger verursachten die Pestepidemien, die im Mittelalter als »Schwarzer Tod« Europa verheerten.

Der Bisam ernährt sich hauptsächlich von Wasserpflanzen.

Bisamratte

Ondatra zibethicus

Ordnung Nagetiere, Rodentia.
Merkmale: Die Bisamratte, kurz auch Bisam genannt, ist der größte lebende Vertreter der Familie der Wühlmäuse. Die Kopf-Rumpf-Länge beträgt 25–35 cm, das Gewicht liegt in der Regel zwischen 0,6 und 1,8 kg. Der kurze, dicke Kopf mit seinen kleinen, runden Ohren geht ohne äußerlich erkennbaren Hals in den Rumpf über. An die amphibische Lebensweise ist die Bisamratte sehr gut angepasst. Dichte Borstensäume seitlich an den Zehen und Schwimmhäute am Zehengrund begünstigen die Fortbewegung im Wasser, ebenso wie der spärlich behaarte, seitlich zusammengedrückte Schwanz (Länge: 20–25 cm). Darüber hinaus können die Nasenöffnungen und der Gehörgang wasserdicht verschlossen werden. Das glänzende Fell weist oberseits eine kastanienbraune Färbung auf, die Flanken sind heller. Die Bauchseite ist braungrau bis fast weiß.
Biologie: Die an Land eher unbeholfene Bisamratte ist ein sehr scheues Nacht- und Dämmerungstier. Als recht anpassungsfähiger Neubürger nimmt die Bisamratte fast jedes ei-

nigermaßen geeignete Fließ- oder Stillgewässer an. Sie kann schwimmen und tauchen. Größere Gewässer mit umfangreichen Röhrichtbeständen bieten optimale Bedingungen für sie. Je nach der Ausstattung des Lebensraumes legt der Bisam Erdbaue oder Burgen aus Pflanzenmaterial an. Die Anlage von Erdbauen findet dort statt, wo die Bodenverhältnisse das Graben erlauben. Von der immer unter der Wasseroberfläche liegenden Eingangsöffnung führt eine schräg nach oben verlaufende Röhre in einen so genannten Wohnkessel. In sumpfigem Gelände und an Seen mit großem Röhrichtgürtel werden runde, stumpf-kegelförmige Burgen (Höhe über Wasser 1 m, Durchmesser unter Wasser 2–4 m) aus der Vegetation der Umgebung angelegt. Im Inneren der Burg befindet sich eine Zugangsröhre mit einem Wohnkessel an der höchsten Stelle. Hier kommen auch die Jungen zur Welt. Während der in der Regel in Mitteleuropa von März bis September dauernden Fortpflanzungszeit werden 2 Würfe mit bis zu 8 Jungen ausgetragen.

Die Bisamratte ernährt sich hauptsächlich von Pflanzenkost. Überwiegend werden Wasserpflanzen (u. a. Schilf, Rohrkolben-, Binsen-, Seerosen-, Teichrosen-, Schachtelhalm- und Laichkraut-Arten) gefressen, darüber hinaus u. a. auch Getreide, Gemüse, Obst und Gräser. In den vegetationsarmen Winter- und Frühjahrsmonaten wird die Nahrung durch Muscheln, Wasserschnecken und Krebse ergänzt. Der Bisam kann ganze Bachabschnitte muschelfrei fischen. So wurde beispielsweise in Baden-Württemberg die vom Aussterben bedrohte Kleine Flussmuschel (*Unio crassus*) durch Bisamfraß lokal so stark geschädigt, dass die Muschelbestände in den betreffenden Gewässern zusammengebrochen sind. Bemerkenswert ist das Wanderverhalten des Bisams. Auf der Suche nach neuen Wohngebieten führt er im Frühjahr und Herbst Wanderungen durch.

Ursprüngliche Verbreitung: Nordamerika. Mit Ausnahme weniger Gebiete sind die Vereinigten Staaten und Kanada fast vollständig besiedelt.

Heutige Verbreitung: Die Bisamratte ist heute in vielen Teilen der Welt verbreitet, besonders in Europa und Asien; darüber hinaus auch in Südamerika. In vielen Ländern wurde sie wegen ihres wertvollen Fells angesiedelt (z. B. ehemalige Sowjetunion, Finnland). Im Jahre 1905 in der Nähe von Prag (Tschechien) mit 5 Exemplaren ausgesetzt, breitete sich der Bisam in Europa rasch aus. Die hohe Vermehrungsrate, die Wanderlust des Bisams und das Fehlen von Konkurrenten spielten hierbei eine Rolle. Deutschland und Österreich wurden 1914, die Schweiz 1928 erreicht. Der Bestand in Frankreich gründet sich auf Flüchtlinge aus nachlässig geführten Zuchtfarmen.

Wissenswertes: Der Bisam kann durch Fraß die Gewässervegetation (Röhrichtbestände) großflächig vernichten. Um die aus aufgeschichte-

Bisamburg aus Pflanzenmaterial.

ten Pflanzenmaterial bestehenden Burgen entstehen offene Wasserflächen im Röhricht. Dies bringt negative und positive Effekte mit sich: So werden schilfbrütende Vogelarten (z.B. Teichrohrsänger, Rohrdommel) ihres Brutraumes beraubt und wandern ab. Auf den freiwerdenden Wasserflächen stellen sich Wasservögel sowie verschiedene Schwimmblattpflanzenarten ein.

Die Bisamratte richtet großen wasserwirtschaftlichen Schaden an, indem sie Uferböschungen, Deiche und Dämme unterminiert und so Deichbrüche und Überschwemmungsschäden verursacht. Die Behebung dieser Schäden erfordert jährlich einen hohen finanziellen Aufwand. In vielen Ländern Europas wird deshalb eine staatlich gelenkte oder geförderte Bisamjagd mit ausgeschriebenen Fangprämien betrieben.

Der Bisam kann auch dem Menschen gefährlich werden und diesen angreifen, wenn er sich bedroht fühlt. Wegen des wertvollen Pelzes wird der Bisam in Zuchtfarmen gehalten. Besonders während der Paarungszeit sondert das Männchen einen dem gleichnamigen und von alters her bekannten Duftstoff »Bisam« ähnelnden Geruch aus seinen Moschusdrüsen ab. Daher die Bezeichnung Bisam für das Tier.

Ähnliche Arten: Der Bisam kann u.a. mit der ebenfalls gebietsfremden Nutria verwechselt werden. Letztere ist jedoch deutlich größer als der Bisam. Zudem besitzt die Nutria einen drehrunden, der Bisam einen seitlich zusammengedrückten Schwanz. Der erheblich größere Biber (*Castor fiber*, Kopf-Rumpf-Länge bis etwa 95 cm) unterscheidet sich vom Bisam durch den flachgedrückten, lanzettförmigen Schwanz (Kelle). Weitere ähnlich Arten, etwa die einheimische Schermaus (*Arvicola terrestris*) und die Wanderratte, sind wesentlich kleiner als der Bisam.

Nutria
Myocastor coypus

Ordnung Nagetiere, Rodentia.
Merkmale: Die Kopf-Rumpf-Länge der auch Sumpfbiber genannten Nutria beträgt 45–65 cm. Der drehrunde, beschuppte und mit spärlichem Haarwuchs versehene Schwanz weist eine Länge von 30–45 cm auf. Ältere Exemplare können ein Gewicht von etwa 8 kg erreichen. Die Zehen des Hinterfußes sind mit Ausnahme der äußersten mit Schwimmhäuten verbunden. An den Außenkanten der Hinterfüße sitzen Schwimmborsten. Die Färbung des Fells ist sehr unterschiedlich. Während der Grundton der Unterwolle ein Graubraun ist, variieren die Grannenhaare in ihrer Färbung von gelbgrau über braun bis hin zu schwarz. Sehr auffällig sind die orangeroten, breiten Nagezähne.
Biologie: Die Art ist an Gewässer gebunden und kann schwimmen

und tauchen. Vorzugsweise werden Fließ- und Stillgewässer mit ausgeprägter Ufer- und Unterwasservegetation in Gebieten mit Klimagunst (z. B. Oberrheintal) besiedelt. Harte Winter mit hohen Schneelagen dezimieren die frei lebenden Nutriabestände regelmäßig. Nutrias sind überwiegend dämmerungs- und nachtaktive Tiere. Tagsüber ziehen sie sich meist an Ruheplätze, in Nester aus Pflanzenmaterial zurück, die in dichter Ufervegetation angelegt werden. Außerdem werden in Uferböschungen und Dämmen Erdbaue gegraben. Dies sind einfache Röhrensysteme, die in einen Wohnkessel münden und deren Eingangsöffnung stets über der Wasseroberfläche liegt. Auch Bisambaue werden angenommen und erweitert. Nutrias leben gesellig in Kolonien zusammen. In der Regel ziehen die Tiere jährlich 2 Würfe mit jeweils 4–7 Jungen auf. Schon nach wenigen Tagen verlassen die Jungtiere in Begleitung des Muttertieres das Nest, um zusätzlich Pflanzennahrung aufnehmen. Die Nutria ernährt sich von einer breiten Palette von Ufer-, Schwimmblatt- und Unterwasserpflanzen. Auch die Rinde von Ufergehölzen wird genutzt. Durch Fraß können die Tiere in landwirtschaftlichen Kulturen (Kartoffeln, Zuckerrüben, Möhren, Mais, Getreide) erhebliche Schäden anrichten. Gelegentlich werden auch Süßwassermuscheln, Fische und Wasservogeleier aufgenommen.
Ursprüngliche Verbreitung: Ursprünglich im subtropischen und

Auffällig sind bei der Nutria die breiten orangeroten Nagezähne.

gemäßigten Südamerika verbreitet (Südbrasilien, Paraguay, Uruguay, Argentinien, Chile). Dort kommt sie in Gewässern aller Art, selbst im Brackwasser vor.

Heutige Verbreitung: In Nordamerika, Europa, Asien, Afrika und im Mittleren Osten eingebürgert. In Europa zunächst nur sporadische Verbreitung durch entkommene Farmtiere ab Ende des 19. Jahrhunderts (Frankreich) und vor allem zwischen den beiden Weltkriegen (u.a. Deutschland um 1930, Frankreich 1930, England 1932, Schweden 1938, Dänemark 1945). Später auch zahlreiche Ansiedlungsversuche in allen europäischen Zuchtländern. Neben Freilandvorkommen in den vorgenannten Ländern bestehen heute Vorkommen u.a. auch in Österreich, Italien, Spanien, Griechenland, Niederlande, Finnland.

Wissenswertes: Nutrias besitzen ein sehr wertvolles Fell, das für Pelzmäntel und ähnliche Erzeugnisse verwendet wird. Das Haar wird zu Filzen für die Huterstellung weiterverarbeitet. Wegen ihres kostbaren Felles wurden Nutrias in Deutschland ab 1926 gehalten. Neben dem Fell liefern die Tiere ein schmackhaftes Fleisch, weswegen sie auch gegessen, ja sogar gelegentlich gastronomisch genutzt werden. Nutrias wühlen zwar weniger als der Bisam, jedoch werden auch durch sie an Uferböschungen und Deichen

Schäden, wenn auch geringere, verursacht. Da sie ähnliche Lebensräume wie der Bisam bewohnen, fallen sie immer wieder Bisamjägern zum Opfer. An sich sind Nutrias sehr scheue Tiere, die bei der geringsten Beunruhigung fliehen. In die Enge getrieben, werden sie zunehmend aggressiver und springen zuletzt auch den Feind an. Auf diese Weise können sie auch dem Menschen gefährlich werden.
Ähnliche Arten: Siehe die Angaben zum Bisam (S. 63).

Marderhund
Nyctereutes procyonides

Familie Hundeartige, Canidae.
Merkmale: Der zu den hundeartigen Raubtieren zählende Marderhund ist nach dem Eisfuchs die kleinste Art dieser Familie. Die Körperlänge beträgt 50–70 cm, die Schwanzlänge 15–25 cm. Marderhunde werden zwischen 4 und 10 kg schwer. Die Gesichtszeichnung erinnert an den Waschbär, jedoch ist die Kopfmitte zwischen den Augen hell und nicht schwarz gefärbt. Die Grundfärbung des sehr langen, zottigen Pelzes ist ein bräunliches Grau. Halsoberseite, Schultern, Rückenmitte und Schwanz sind fast schwarz. Der Bauch und die Leistengegend zeigen einen gelblichen Anflug.
Biologie: Der Marderhund bewohnt vorzugsweise feuchte, unterholzreiche Laub- und Mischwälder geringerer Ausdehnung, daneben sumpfige Wiesen mit Gebüschgruppen

sowie Fluss- und Seeufer mit Röhrichtbeständen. Eine Vorliebe für gewässernahe Standorte wird somit erkennbar. In offenen Landschaftstypen sowie im Zentrum großer, zusammenhängender Waldgebiete kommt die Art seltener vor. Tagsüber und zur Winterruhe zieht sich der Marderhund in selbst gegrabene Erdbaue zurück, deren Schlafkammer mit Laub und Gras ausgestattet ist. Auch verlassene Fuchs- und Dachsbaue werden gern angenommen. In der Regel werden dort auch die durchschnittlich 6–7 Jungen geboren, die die Hündin nach einer Tragzeit von rund 9 Wochen im April/Mai zur Welt bringt. Würfe mit einer Höchstzahl von 19 Welpen im Freiland und 20 Welpen in der Gefangenschaft sind bekannt. Die Hündin säugt die Welpen 40–50 Tage. In der 3. und 4. Woche nehmen sie jedoch auch schon feste Nahrung auf. Marderhunde leben paarweise oder im Familienverband mit den Jungtieren. Letztere verlassen gegen Ende des Sommers bzw. im Frühherbst die Familie, um eigene Wege zu gehen.
Die dämmerungs- und nachtaktive Tierart ist ein Allesfresser, wobei der Marderhund eher als Sammler, denn als Jäger auftritt. Würmer, Schnecken, Insekten, Fische, Frösche, Eier und Jungtiere von bodenbrütenden Vogelarten sowie kleine Säugetiere herrschen in der tierischen Kost vor. Auch Aas wird aufgenommen. In den Herbstmonaten stellt Pflanzenkost (Kern- und Steinobst, Rüben, Wurzeln Gräser,

Marderhunde bevorzugen feuchte, unterholzreiche Laub- und Mischwälder.

Maiskolben) den Hauptanteil der Nahrung dar.

Ursprüngliche Verbreitung: Ostasien. Das ursprüngliche Verbreitungsgebiet umfasst das Amur- und Ussuri-Gebiet Russlands, Ostchina, Japan, Korea und Nordvietnam.

Heutige Verbreitung: Im Jahr 1928 in der Ukraine und in den Folgejahren im asiatischen und europäischen Teil der ehemaligen Sowjetunion eingebürgert, breitet sich der Marderhund seitdem nach Westen aus. Die westlichsten Einzelfunde wurden aus Ostfrankreich, West- und Südwestdeutschland, Schweden und Dänemark gemeldet. Für Ungarn, Österreich, Bayern, Nieder-

sachsen, Mecklenburg-Vorpommern werden Dauervorkommen bestätigt.

Wissenswertes: Die Zuwanderung des faunenfremden Marderhundes aus dem Osten wird nicht in allen Ländern gern gesehen. Zum einen befürchtete man neben einer Faunenverfälschung auch eine Beeinträchtigung des Niederwildes. Nach bisherigen Befunden werden Niederwildbestände jedoch nicht übermäßig geschädigt. Zum anderen ist der Marderhund Tollwutüberträger. Einst auch als Felllieferant in der Ukraine ausgesetzt, wurden hinsichtlich der Nutzung des Pelzes die Erwartungen nicht ganz erfüllt. Der sich über viele Monate (April bis

Dezember) hinziehende Haarwechsel und mögliche Qualitätsunterschiede bei Marderhundfellen in Abhängigkeit vom Herkunftsgebiet mögen hierfür die Ursache sein.

Ähnliche Arten: Auf die Ähnlichkeit zum ebenfalls bei uns gebietsfremden Waschbär, die Anlass zu Verwechslungen der beiden Arten gibt, wurde bereits eingegangen.

Waschbär
Procyon lotor

Familie Kleinbären, Procyonidae.

Merkmale: Der etwa rotfuchsgroße Waschbär erreicht eine Kopf-Rumpf-Länge von 40–70 cm; Schwanzlänge 20–30 cm. Das durchschnittliche Gewicht beträgt 3,5–7 kg, gelegentlich 10 kg und mehr. Er besitzt ein dichtes, langhaariges Fell mit vornehmlich grauer, daneben auch brauner und rötlicher Färbung. Auffallend sind die schwarze Gesichtsbinde (Gesichtsmaske) und der schwarz geringelte Schwanz.

Biologie: Altholzbestände in Gewässernähe zählen zu den bevorzugten Aufenthaltsbereichen. Reine Nadelgehölze und trockene Gebiete werden gemieden. Als Ruhe- und Schlafplätze sowie als Aufzuchtstätte für die Jungen (Wurfgröße: 2–8) werden verlassene Dachs- und Fuchsbaue, Felsklüfte sowie hohle Bäume, aber auch Schuppen und Speicher genutzt. Die Winterruhe verbringt er in geeigneten Erd- oder Baumhöhlen. Der ausgezeichnet kletternde und gut schwimmende Waschbär gilt als

eine sehr anpassungsfähige Art. Als Kulturfolger ist er bei seinen Streifzügen in landwirtschaftlich genutzten Gebieten (Äcker und Obstanlagen) sowie in den Randlagen von Siedlungen (Gärten, Parks, Müllkippen, Industriegebiete) anzutreffen. Der dämmerungs- und nachtaktive Kleinbär ist ein Allesfresser. Das Nahrungsspektrum umfasst sowohl pflanzliche als auch tierische Bestandteile. Schnecken, Würmer, Insektenlarven, Krebse, Fische, Frösche, Kleinsäuger, Vögel und deren Gelege zählen ebenso zur Nahrung wie Feldfrüchte, Nüsse, Eicheln, Bucheckern, Obst und Beeren. Selbst Müllkippen werden auf der Suche nach Fressbarem durchstöbert. Gelegentlich dringt er auch in Geflügelställe ein und macht durch den Diebstahl von Hühnern auf sich aufmerksam.

Bei der Nahrungsaufnahme an Land und im Wasser werden die Nahrungsobjekte mit den »Händen« ertastet. Mehrfach zwischen den Händen hin und her bewegt, wird die Nahrung erst nach intensiver Prüfung verspeist. Besonders bei der Nahrungsaufnahme in Gewässern erweckt diese Verhaltensweise den Eindruck, der Waschbär würde seine Nahrung waschen (Name!).

Ursprüngliche Verbreitung: Die Heimat des Waschbärs reicht vom südlichen Kanada über die Vereinigten Staaten bis nach Mittelamerika (Panama). Er kommt dort in 6 Arten und 25 Unterarten vor.

Heutige Verbreitung: Die heutige Verbreitung des Waschbärs erstreckt sich über Mitteleuropa sowie über Teile der ehemaligen Sowjetunion. Die erste offizielle Ansiedlung des Waschbärs in Europa fand 1934 im Bereich des Edersees (Hessen, Deutschland) statt. Weitere Ansiedlungen erfolgten in verschiedenen Teilen Deutschlands, Osteuropas sowie in der Sowjetunion in den folgenden Jahren oder Jahrzehnten. In Deutschland entwichen bereits um 1929/30 einige Tiere aus Pelztierzuchtfarmen in Rheinland-Pfalz und gründeten eine erste Freilandpopulation. Inzwischen konnte der Kleinbär in vielen mitteleuropäischen Staaten nachgewiesen werden (u.a. Dänemark, Niederlande, Luxemburg, Frankreich, Schweiz, Österreich).

Wissenswertes: Der gebietsfremde Waschbär gilt als Nesträuber, der die Nester boden- und baumbrütender Vogelarten ausräumt. Selbst baumhöhlenbrütende Vogelarten (u.a. Spechte) leiden unter seinem Zugriff. Deshalb befürchtete man nach seiner Freisetzung vor allem eine massive Schädigung von Auer-, Birk- und Haselhuhn, die in Europa inzwischen selten geworden sind. Diese Befürchtungen haben sich je-

Der Waschbär – ein Amerikaner in Europa.

doch nicht bestätigt, auch wegen der Bejagung des Waschbärs.

Die zum Teil rasante Ausbreitung dieser gebietsfremden Art in einigen Ländern Europas wird auch mit dem Wanderverhalten der Jungtiere erklärt. Auf der Suche nach geeigneten Lebensräumen unternehmen junge Waschbären Wanderungen, die sie nachweislich bis zu mehrere hundert Kilometer vom Geburtsort wegführen können. Aufgrund seines wertvollen Pelzes wird der Waschbär in den Vereinigten Staaten sowie in vielen europäischen Ländern nicht nur in Pelztierfarmen gezüchtet, sondern auch bejagt.

Anzumerken ist noch, dass der Waschbär als Überträger von Krankheiten wie z. B. Staupe und Tollwut gilt. Ein häufiger Parasit des Waschbärs, der Spulwurm *Baylisascaris procyonis*, kann auch beim Menschen eine ernst zu nehmende Erkrankung hervorrufen.

Ähnliche Arten: Der Waschbär wird zuweilen mit dem ebenfalls eingeführten, etwas größeren Marderhund verwechselt. Über die Gesichtszeichnung (sog. Gesichtsmaske) und Schwanzfärbung können die beiden Arten jedoch gut voneinander unterschieden werden.

Damhirsch

Cervus dama

Familie Hirsche, Cervidae. **Merkmale:** Mit einer Kopf-Rumpf-Länge von 130–140 cm ist der Damhirsch kleiner als der einheimische Rothirsch (*Cervus elaphus*). Ältere Männchen tragen ein Schaufelgeweih, welches zwischen April und Juni abgeworfen sowie von August bis September erneuert wird (Fegezeit). Die Färbung ist fuchsrot bis bräunlich fuchsrot mit hellen Flecken an Schultern, Schenkeln und Flanken. Es können auch schwarze, weiße oder eher gelblich gefärbte Tiere auftreten. Innenseite der Gliedmaßen und Bauch weiß. Schwarz gerandeter, weißer Spiegel. Dunkler bis schwarzer Aalstrich entlang des Rückgrates.

Biologie: In Europa sind Laub- und Mischwälder mit Lichtungen als be-

Damhirsch mit typischem Schaufelgeweih.

vorzugter Lebensraum anzusehen. Damwild lebt nahezu ganzjährig in sozial weitgehend offenen Gruppen. Es werden unterschieden: Mutterfamilie, Weibchengruppe, Hirschgruppe, Jugendgruppe, gemischter Verband oder Einzeltiere. Nach 2 Jahren werden die Männchen, nach 1 Jahr die Weibchen geschlechtsreif. Die Brunftzeit reicht von Oktober bis Januar. In der Regel wird in der Zeit von Mai bis Juli nach einer Tragzeit von rund 230 Tagen 1 Kalb (selten 2) geboren. Damhirsche ernähren sich überwiegend von Gräsern, daneben von Kräutern sowie von Blättern und Trieben von Laubbäumen. Im Herbst können Eicheln und Bucheckern die Hauptnahrung bilden. In den Wintermonaten werden u.a. Gräser, Heidelbeere, Heidekraut, Efeu sowie Koniferennadeln aufgenommen.

Ursprüngliche Verbreitung: Bereits in der letzten Zwischeneiszeit kamen Damhirsche in Europa vor. Nach der letzten Eiszeit beschränkte sich das Vorkommen auf wenige Gebiete an der Südküste Kleinasiens.

Heutige Verbreitung: Heute ist der Damhirsch fast weltweit verbreitet. Er kommt in ganz Europa mit Ausnahme Griechenlands, Islands sowie der Kleinstaaten vor. Bereits von den Römern in das Mittelmeergebiet gebracht, gelangte das Damwild im frühen Mittelalter ins nördliche Europa. In Deutschland wurde die Art vor allem im letzten Jahrhundert aus Gehegen vermehrt in die Wildbahn ausgesetzt. Besonders in Norddeutschland existieren heute große frei lebende Bestände.

Wissenswertes: Die im letzten Jahrhundert zur Bereicherung des Wildbestandes und zur Verbesserung der Jagdmöglichkeiten verstärkt durchgeführten Aussetzungsaktionen mit Damwild brachten für die Land- und Forstwirtschaft Probleme mit sich. Durch Verbiss der Waldverjüngung und Schälen junger, glattrindiger Bäume sowie durch Eindringen in landwirtschaftliche Kulturen verursachen die Tiere z. T. erhebliche Wildschäden und werden deshalb von Landwirten und Forstleuten nicht immer gern gesehen. Für den einheimischen Rothirsch ist der Damhirsch zudem ein großer Nahrungskonkurrent. Aufgrund seiner leichten Vermehrung wird der Damhirsch nicht nur gern in Wildparks und Tiergärten als Schautier, sondern auch in Zuchtbetrieben zur Fleischproduktion gehalten.

Ähnliche Arten: Eine nahe verwandte Art ist der Mesopotamische Damhirsch (*Cervus mesopotamicus*), der in kleinen Beständen heute noch in Vorderasien im Bereich der Flüsse Dez, Karchek und Karun vorkommt. Eine dem Damhirsch ähnliche Art ist der in Europa eingeführte, aus Japan und Nordchina stammende Sikahirsch (*Cervus nippon*).

Mufflon
Ovis ammon musimon

Familie Rinderartige, Bovidae.
Merkmale: Der Mufflon ist mit einer Kopf-Rumpf-Länge von 110–130 cm

Die Hörner des Mufflons sind bei Jägern als Trophäen begehrt.

die kleinste Unterart des Wildschafes (*Ovis ammon*). Mit kurzem, 6–10 cm langem Schwanz. Paarzeher mit zurückgebildeten und flach anliegenden Außenzehen. Letztere bilden sich nicht im Trittsiegel ab. Männchen (Widder) mit schneckenförmig gewundenen Hörnern (Länge: 50–85 cm); Weibchen (Schafe) mit kurzen, nicht gewundenen Hörnern (max. 18 cm) oder hornlos. Dichtes, kurzhaariges Fell. Färbung der bis zu 50 kg schweren Widder oberseits rotbraun, unterseits und an den Beininnenseiten sowie Spiegel und Schnauze weiß gefärbt. Widder mit grauem bis weißlichem Rückenfleck (Sattelfleck). Die bis zu 30 kg schweren Schafe sind einheitlicher graubraun gefärbt; Sattelfleck kaum ausgeprägt.

Biologie: Der tagaktive und anpassungsfähige Mufflon ist bei uns ein Bewohner offener Laub-, Misch- und Kiefernwaldgebiete. Warme, trockene Hanglagen und Sandstandorte in der Ebene bieten ebenso geeigneten Lebensraum wie zusammenhängende Mittelgebirgswälder. In seinen Herkunftsgebieten an trockene und wärmere klimatische Bedingungen angepasst, kümmern die Bestände bei uns in nass-kalten Lagen. Strenge Winter können zudem zu starken Verlusten führen. Als Aktionsräume werden größere Gebiete mit einem Durchmesser von bis zu 5 km besiedelt, in denen feste Wechsel eingerichtet werden. Geschlechtsreife Männchen leben außerhalb der Fortpflanzungszeit in Rudeln zusammen, jüngere in der Regel bei den Schafen und Lämmern. Bei Gefahr werden die Rudelmitglieder durch ein akustisches Warnsignal gewarnt: ein lautes Pfeifen, das durch den Ausstoß von Luft durch die stark verengten Nasenlöcher erzeugt wird.

In der von Mitte Oktober bis Dezember reichenden Brunstzeit kommt es zu Kämpfen zwischen den Widdern. Dabei lassen sich die Tiere nach einem Anlauf mit so großer Wucht mit den Hörnern aufeinander prallen, dass ein lauter Knall entsteht. Nach einer Tragzeit von rund 5 Monaten bringt das Schaf im April/Mai 1 Lamm (selten 2) zur Welt. Zur Geburt löst sich das Schaf vom Rudel, um nach einigen Tagen gemeinsam mit dem Lamm zum Rudel zurückzukehren.

In Berichten werden die Mufflons in Korsika als Gras-, Blatt- und Knospenfresser beschrieben. Bei uns nehmen sie Gräser, Kräuter, Teile von Sträuchern und Gehölzen, Moose, Flechten, Rinde sowie Früchte und Samen auf.

Ursprüngliche Verbreitung: Man geht davon aus, dass der Mufflon noch zu Beginn der Jungsteinzeit vom süddeutschen Raum, über Ungarn und Mähren bis zum Mittelmeerraum verbreitet war. Später umfasste sein eigentliches Verbreitungsgebiet Korsika und Sardinien.

Heutige Verbreitung: Heute auf Korsika und Sardinien frei lebend nur noch in geringen Beständen. Vermutlich wurde der Mufflon bereits durch die Römer auf das Festland gebracht. Eine verstärkte Einbürgerung dieser Tierart erfolgte ab dem ausgehenden Mittelalter (unsicher!), spätestens jedoch ab der zweiten Hälfte des 18. Jahrhunderts in europäischen Ländern (u.a. Deutschland, Österreich, Schweiz, Belgien, Niederlande, Dänemark, Finnland, Frankreich, Italien, Spanien sowie Ostblock- und Balkanländer). Auch in außereuropäischen Ländern wie USA (Texas, Kalifornien, Hawaii) und Argentinien fanden Ansiedlungen statt.

Wissenswertes: Manche Wissenschaftler sehen den Mufflon auf Korsika und Sardinien nicht als ursprüngliches Wildtier an. Sie gehen davon aus, dass der Mufflon als primitives Haustier zu Beginn der Jungsteinzeit dorthin gelangte und verwilderte. Der Mufflon wurde als jagdbares Tier, vor allem auch wegen der als Jagdtrophäe begehrten Hörner (»Schnecken«) bei uns ausgesetzt. Angeschossene oder in die Enge getriebene Widder können plötzlich zum Angriff übergehen und so für den Menschen aber auch für Raubtiere zum gefährlichen Gegner werden.

Der Mufflon verursacht durch Verbiss und Schälen junger Bäume in den Wäldern Schäden und kann bei höheren Bestandsdichten der Forstwirtschaft erhebliche Probleme bereiten. In Wild- und Tierparks wird er gern gepflegt, da die Haltung problemlos ist und die Vermehrung leicht gelingt.

In vielen Ländern wurde der Mufflon im Laufe seiner Einbürgerung mit Hausschafen gekreuzt, so u.a. mit Heidschnucken und Zackelschafen.

Ähnliche Arten: Neben dem Mufflon existieren viele weitere Arten und Unterarten des Wildschafes in Asien (u. a. Altai-Wildschaf, *Ovis ammon ammon*; Pamir-Wildschaf, *Ovis ammon polii*) und Nordamerika (u. a. Felsengebirgs-Dickhornschaf, *Ovis canadensis canadensis*; Alaska-Dickhornschaf, *Ovis canadensis stonei*). In Europa lebt eine weitere Unterart auf Zypern (Zypernmufflon, *Ovis ammon ophion*).

Kanadagans

Branta canadensis

Familie Entenvögel, Anatidae.

Merkmale: Die etwa 90–100 cm lange (gestreckt von Schnabelspitze bis Schwanzende) Gans weist oberseits eine graubraune Färbung auf. Die Oberschwanzdecken sind weiß, der Schwanz ist schwarz. Ebenfalls schwarz gefärbt sind der Kopf und der Hals; letzterer ist scharf von der weißlichen bis bräunlichen Brust abgesetzt. Von der Kehle bis hinter die Augen zieht sich ein breiter, weißer Fleck. Der Bauch ist weiß, Schnabel und Füße schwarz.

Biologie: Die Kanadagans bevorzugt Süßgewässer und ist an diesen bis weit ins Binnenland hinein zu finden. Grünland- und Sumpfvegetation an Seen und Weihern, darunter Park- und Waldseen, werden bevorzugt besiedelt. In ihrer Heimat ziehen Kanadagänse weite Strecken an der amerikanischen Atlantikküste entlang. In Europa Stand- und Strichvogel.

Kanadagänse werden in der Regel im 3. Lebensjahr geschlechtsreif, selten im 2. Lebensjahr. Zum Ablegen der 4–6 Eier wählen die Weibchen einen geeigneten Nestplatz zwischen Sumpfvegetation, bevorzugt im Schutze von Sträuchern oder hohen Stauden aus. Meist wird das Nest am Boden und nahe am Wasser errichtet. In Amerika werden auch Lokalitäten über dem Boden angenommen, z. B. in alten Greifvogelhorsten. Die Brutperiode beginnt ab Ende März und zieht sich bis in den Juni hinein. Die Brutdauer beträgt 28–30 Tage. Kanadagänse ernähren sich von Wasserpflanzen (u. a. Schilftriebe und verschiedene Laichkrautarten), Gras, Klee und jungen Saaten (Wintergetreide). Darüber hinaus werden in den Sommermonaten Insekten, Würmer, Krebstiere und Schnecken aufgenommen.

Ursprüngliche Verbreitung: Ursprüngliches Verbreitungsgebiet ist das östliche Nordamerika von den arktischen Inseln (Victoria), südwärts bis Süd-Dakota und zur St.-Lorenz-Bucht.

Heutige Verbreitung: In europäischen Länder zu unterschiedlichen Zeiten eingeführt, inzwischen mit

Die Kanadagans zählt zu den in Mitteleuropa am weitesten verbreiteten Neozoen.

z. T. frei brütenden Beständen. In Großbritannien bereits im 17. Jahrhundert. Vor und nach dem 2. Weltkrieg in weiteren Ländern wie Schweden (1929), Norwegen (1936), Niederlande (1945), Belgien (1952), Deutschland (ca. 1955), Dänemark (ca. 1960), Schweiz (1963) und Finnland (1964). Meist eingeführt, teilweise auch Aufbau von Populationen durch Zuzug von außerhalb oder durch Gefangenschaftsflüchtlinge.

Wissenswertes: Zusammen mit dem Fasan zählt die Kanadagans zu den am weitesten in Mitteleuropa verbreiteten und etabliertesten Neozoen. Die Vögel übernutzen und verschmutzen die Uferwiesen zahlreicher Voralpenseen (Beeinträchtigung von Naherholung und Tourismus),

verdrängen andere Wasservögel und sind Mitverursacher des Schilfsterbens durch Überweidung der Schilftriebe. Dies führte in Bayern zur Einführung einer Jagdzeit für die Kanadagans (November/Dezember). Gemeinsam mit anderen nordischen Gänsearten, die in den Wintermonaten bei uns einfallen, können Kanadagänse in Wintergetreidefeldern, aber auch im Grünland erhebliche Schäden anrichten. Durch das Abweiden von Wasserpflanzen kann das Laichsubstrat für die Pflanzenlaicher unter den Fischen (u. a. Schleie, Karpfen, Rotfeder), aber auch für Insekten (Libellenarten) großflächig verlorengehen. Dies kann bei permanenter Anwesenheit von Kanadagänsen oder beim Auftreten größerer Gänsescharen der Fall sein.

Ähnliche Arten: Ähnliche Arten sind die im arktischen Eurasien und Nordamerika verbreitete Ringelgans (*Branta bernicla*), die kleinste unter den Gänsen, und die Nonnengans (*Branta leucopsis*), eine weitere »nordische« Art. Beide Gänsearten sind Zugvögel, die zur Überwinterung auch an die deutsche Küste kommen.

Nilgans
Alopochen aegyptiacus

Familie Entenvögel, Anatidae.
Merkmale: Die zu den Halbgänsen (Tadorninae) zählende Nilgans wird etwa 70 cm groß. Die Grundfarbe des Gefieders ist vorwiegend bräunlichgrau bis bräunlichgelb. Auf der Brustmitte sowie um das Auge großer dunkelbrauner Fleck. Rücken und Schulterbereich rotbraun bis gräulich. Die Oberflügeldecken zeigen eine weiße, die Handschwingen eine schwarze, die Armschwingen eine metallgrüne Färbung. Schwanz und Bürzel sind schwarz. Die erwachsenen Tiere weisen einen dunkel gerandeten, rötlichen bis fleischfarbenen Schnabel auf. Die Füße sind rötlich bis fleischfarben.
Biologie: Die Nilgans bewohnt die Ufer stehender und langsam fließender Binnengewässer. Bei Gefahr können die Tiere rasch auch in

Nilgänse bewohnen die Ufer von Binnengewässern.

größere Tiefen abtauchen und längere Strecken unter Wasser zurücklegen. Auch die Jungtiere beherrschen die Fähigkeit des Tauchens bereits wenige Wochen nach dem Schlüpfen.

Die Brutzeit der Nilgans ist in den einzelnen Ländern unterschiedlich. In Ägypten brüten die Gänse Anfang März, im Sudan erst nach Beginn der Regenzeit im September. Die Nilgans legt ihr Nest in der Regel auf Bäumen an. Bevorzugt werden geeignete Bäume am Ufer, zumindest jedoch in Gewässernähe. Fehlen Bäume werden auch hoch gelegene Felsnischen angenommen oder es wird auf dem Boden gebrütet, wobei die Brutdauer 27–28 Tage beträgt. Die Anzahl der rundlichen Eier beträgt meist 4–6, es werden jedoch auch Eizahlen von bis zu 12 Stück angegeben.

Nilgänse ernähren sich von pflanzlicher Kost. Auf Feldern und im Grünland weiden sie den Aufwuchs ab. Daneben verspeisen sie auch wirbellose Wassertiere und Insekten (u. a. Heuschrecken).

Ursprüngliche Verbreitung: Die ursprüngliche Verbreitung der Nilgans umfasste ganz Afrika südlich der Sahara, das Niltal, Palästina und Syrien.

Heutige Verbreitung: Nach Europa wurde sie im 17. Jahrhundert, zuerst nach England und Schottland, als Ziervogel für Parks und Tiergehege eingeführt. Heute können in fast allen Teilen Mitteleuropas immer wieder frei fliegende Individuen, die aus der Gefangenschaft entkommen sind, oder einzelne Freibruten beobachtet werden. Der Bestand in den Niederlanden lässt sich vermutlich auf 1967 aus der Gefangenschaft entflogene Individuen zurückführen (erste Brut: 1969). Für Deutschland wurden einzelne Bruten spätestens ab 1989 in Schleswig-Holstein, Nordrhein-Westfalen, Saarland und ab 1993 in Baden-Württemberg nachgewiesen.

Wissenswertes: Im alten Ägypten hatte die Nilgans religiöse Bedeutung. Es waren vor allem reiche Ägypter, die sich Nilgänse hielten. Auch von den alten Griechen und Römern wurden die Tiere in Gefangenschaft gepflegt. Dies liegt wohl auch daran, dass sich die Nilgans recht leicht in Gefangenschaft halten und züchten lässt.

Es wurde viel diskutiert, ob die in Mitteleuropa nachgewiesenen Nilgänse den Weg von Afrika zu uns gefunden haben. Vermutlich handelt es sich um Gefangenschaftsflüchtlinge aus dem mitteleuropäischen Bereich. Dafür spricht auch, dass die Nilgans in ihren Heimatländern nicht zieht, sondern auf der Suche nach temporären Gewässern im Winter in der Sahara umherstreicht.

Ähnliche Arten: In Europa sind 2 weitere Vertreter der Halbgänse anzutreffen: Zu nennen ist die Brandgans (*Tadorna tadorna*), die in selbst gegrabenen Erdhöhlen brütet, gern aber auch verlassene Kaninchen- und Fuchsbaue annimmt. Die zweite Art ist die in Asien, Nordafrika und Europa verbreitete Rostgans (*Tadorna ferruginea*).

Die Halbgänse stehen in Aussehen und Verhalten zwischen den Echten Gänsen und den Echten Enten.

Mandarinente

Aix galericulata

Familie Entenvögel, Anatidae.
Merkmale: Länge: etwa 45 cm. Bei der zu den Glanzenten gehörenden Art sind die Männchen (Erpel) auffallend bunt gefärbt. Stirn, Oberkopf und verlängerte Haube glänzen metallisch grün. Die Kopfseiten weisen einen breiten weißen Streifen auf, der sich nach hinten verjüngt. Besonders auffallend sind die orangefarbenen, verlängerten Kopf- und Wangenfedern sowie die segelartig aufgerichteten orangefarbenen Federn an den Rückenseiten. Der braun gefärbte Kropf ist zu den Flanken hin durch 2 schwarz-weiße Binden abgesetzt. Brust und Flanken bräunlich, Bauch weiß. Die grünlichen Flügel besitzen einen weißlichen Endsaum. Erwachsene Männchen und Weibchen, die ein graubraun gefärbtes Sommerkleid tragen, sind nur durch die Schnabelfarbe (Männchen rot, Weibchen bräunlich) zu unterscheiden.
Biologie: In ihrer Heimat besiedeln diese Enten stehende und langsam fließende Gewässer, die Baumbestände sowie Ufervegetation als Deckungsmöglichkeit aufweisen. Die Tiere sind Höhlenbrüter. Das Weibchen wählt Baumhöhlen, seltener Höhlungen unter Steinhaufen, Baumstümpfen oder ähnliche Orte

zur Eiablage aus. Dort werden 7–14 Eier bis zu 31 Tage bebrütet. Die Jungen werden vom Weibchen noch eine Zeit lang geführt. Außerhalb der Brutzeit leben die Enten gesellig. Die tag- und nachtaktiven Tiere gründeln während der Sommermonate nach wirbellosen Wassertieren, im Herbst und Winter wird überwiegend pflanzliche Nahrung (u.a. Eicheln, Rosskastanien, Bucheckern) aufgenommen. In Ostasien ist die Mandarinente Zugvogel. Für Europa wird sie als Standvogel eingestuft, jedoch sind einzelne weitere Wanderungen von Gefangenschaftsvögeln bekannt.
Ursprüngliche Verbreitung: Die Mandarinente ist ursprünglich in Ostasien (Amur-Gebiet, Ostchina, Nordkorea und Japan) verbreitet.
Heutige Verbreitung: Als Ziervogel gelangte sie zu Anfang des 18. Jahrhunderts nach Großbritannien. Dort Gründung der ersten frei lebenden Population um die Wende zum 20. Jahrhundert; weitere folgten. Auf dem Festland wurden ebenfalls um die Jahrhundertwende erste Einzelindividuen im Freiland nachgewiesen. Jedoch ist die Mandarinente in keinem Gebiet frei lebend mit ähnlichem Erfolg angesiedelt worden wie in England. Vermutlich handelt es sich bei den nachgewiesenen Individuen auch um Gefangenschaftsflüchtlinge.
In Deutschland gibt es inzwischen einige kleinere, frei fliegende Populationen in Parks (München, Stuttgart, Berlin). Am Hochrhein im Grenzgebiet bei Basel gab es meh-

Mandarinentenerpel sind auffallend bunt gefärbt, die Weibchen (rechts) eher unscheinbar.

rere Bruten zwischen 1958 und 1961. Weitere Bruten in der Schweiz konnten zu Beginn der 1980er Jahre nachgewiesen werden. In Österreich, im Raum Wien kleine frei lebende Population(en). Seit 1968 wird sie als Brutvogel in den Niederlanden gemeldet.

Wissenswertes: In ihrer Heimat gehen die Bestände der Mandarinente immer mehr zurück. Man geht davon aus, dass der Gesamtbestand in Westeuropa schon umfangreicher ist als in Ostasien außerhalb Japans. Bei uns werden ihr Chancen für eine weitere Ausbreitung eingeräumt. In Europa muss diese Tierart nicht mit anderen Entenarten um Nistplätze konkurrieren, da sie als Höhlenbrüter eine freie ökologische Nische besetzt. Unter Verwendung ihrer scharfen Krallen vermögen die Dunenjungen schon bald nach dem Schlüpfen aus den recht tiefen Baumhöhlen herauszuklettern. Durch Nistkästen kann diese Entenart, die vielerorts in Parks, Zoologischen Gärten und Tiergehegen gehalten wird, gefördert werden.

Ähnliche Arten: Eine ebenfalls zu den Glanzenten zählende Art ist die aus Nordamerika stammende Brautente (*Aix sponsa*). Auch bei dieser Art ist das Männchen prächtig gefärbt. Die den Mandarinentenweibchen sehr ähnlichen Brautentenweibchen tragen ebenfalls ein unscheinbares, graubraunes Federkleid.

Fasan

Phasianus colchicus

Familie Hühnervögel, Phasianidae.
Merkmale: Der langschwänzige und hochbeinige Fasan erreicht eine Gesamtlänge von 53–89 cm und ein Gewicht von 1–1,6 kg. Die Männchen sind größer als die Weibchen. Während die Weibchen hell und dunkel gemustert und erdbraun gefärbt sind, zeichnen sich die Männchen durch ein prächtiges, variabel gefärbtes Federkleid aus. Die Gefiedergrundfarbe ist kupferrot. Federn mit breitem dunklen Rand bzw. mit schwarz-weißer Zeichnung auf dem Rücken. Oft schillern die Federränder auch purpurrot bis blau. Kopf und Hals sind dunkelgrün, der Scheitel ist bronzefarben, Kehle und Halsseiten purpur glänzend. Im Gegensatz zu den Hennen besitzen die Hähne einen großen, roten Augenlappen.
Biologie: Der Fasan ist ein tagaktiver Standvogel in offenem Gelände mit Deckungsmöglichkeiten, die vor allem während der kalten Jahreszeit als Wind- und Schneeschutz angenommen werden. In unserer Kulturlandschaft werden als Lebensraum in der Regel Ackerfluren mit Buschwerk, kleinere Gehölze und lichte (Au)wälder angenommen. Die Tiere sind gute Läufer und fliegen schwerfällig mit lautem Flügelgeräusch oft nur wenige hundert Meter. Zur Nachtruhe sucht der Fasan Bäume und hohe Büsche auf, die er mit Sonnenaufgang verlässt. In den Wintermonaten finden sich die Männchen und Weibchen getrennt voneinander zu kleinen Trupps zusammen.

Mit 1 Jahr tritt die Geschlechtsreife ein. Die Balz findet ab Mitte März bis in den Juni hinein statt. Die 10–16 graubraunen bis olivfarbenen Eier werden in einem zwischen Gräsern und Kräutern versteckten Bodennest abgelegt. Die Jungen schlüpfen nach 23–26 Tagen.
Die Nahrung besteht überwiegend aus pflanzlichen Bestandteilen wie Samen, Beeren, Wurzeln und grünen Pflanzenteilen. In geringerem Umfang werden Tiere (Insekten, Regenwürmer, Schnecken) aufgenommen. In Getreide- und Gemüsefeldern sowie Rebanlagen kann der Fasan durch den Verzehr von Saatkörnern, aufgelaufener Saat, Pflanzenteilen und Beeren wirtschaftliche Schäden anrichten.
Ursprüngliche Verbreitung: Von Mittelasien nördlich und südlich des Kaukasus, über Nordpersien, Süd- und Ostmongolei, China, Mandschurei bis Formosa.
Heutige Verbreitung: Durch Einbürgerung in Teilen Asiens, Nord- und Südamerikas (Chile), Afrikas, Australiens, Neuseelands und in Europa weltweit verbreitet. In Mittel- und Westeuropa kommt der Fasan in allen Niederungsgebieten vor. In den verschiedenen Ländern Europas wurde die Vogelart zu unterschiedlichen Zeiten eingeführt. Das genaue Einbürgerungsdatum ist mangels genauer Angaben in historischen Quellen meist nicht feststellbar. So sollen bereits die Römer den Fasan

Der Fasanenhahn ist ein besonders prächtiger Hühnervogel, die Henne dagegen trägt ein tarnfarben unscheinbares Gefieder.

in den von ihnen besetzten Gebieten angesiedelt haben. Andere Hinweise belegen ein Vorkommen der Art ab dem Mittelalter (u. a. Deutschland, Österreich). Planmäßige Aussetzungen des Fasans in Deutschland fanden ab Mitte des 18. Jahrhunderts statt.

Wissenswertes: Im alten China wurde der Fasan, als Symbol des Donners, im Tanz sehr verehrt. Bei den Römern galt der Fasan als besonderer Leckerbissen. Man mästete ihn deshalb in Gehegen. Im 17., 18. und 19. Jahrhundert züchteten vor allem Adlige, Klöster und später auch Magnaten Fasanen in sogenannten Fasanerien (s. Bild S. 32) mit hohem finanziellen Aufwand als lukullische Besonderheit und zu Jagdzwecken (Jagdfasan!). Fasane galten im 17. Jahrhundert als »königliches Wild« dessen Jagd für »gewöhnliche Leute« verboten war. Der heute bei uns vorkommende »Jagdfasan« ist das Ergebnis von Kreuzungen der Stammform mit importierten Rassen. Als Objekt in der

Malerei und für Kunstwerke (u.a. aus Edelmetallen und Porzellan) fand der farbenprächtige Fasan vielfache Beachtung.

Ähnliche Arten: Es werden etwa 33 Unterarten unterschieden. In Mitteleuropa sind der Kupferfasan (*Phasianus colchicus colchicus*), der Ringfasan (*Phasianus colchicus torquatus*) und der Mongolenfasan (*Phasianus colchicus mongolicus*) eingebürgert. Wenig erfolgreich verliefen die Ansiedlungsversuche mit Goldfasan (*Chrysolophus pictus*), Silberfasan (*Lophura nycthemera*) und Königsfasan (*Syrmaticus reevesii*).

Halsbandsittich

Psittacula krameri

Familie Edelpapageien, Psittacidae.
Merkmale: Der auch Kleiner Alexandersittich genannte, etwa starengroße Vogel erreicht mit dem langen, spitzen Schwanz eine Länge von 42 cm. Er besitzt ein grünes Gefieder, welches bauchseits heller wird. Der lange Schwanz ist mehr grünblau. Die Männchen ziert ein schwarzes Halsband, das im Nacken rosafarben ist. Weibchen ohne Halsband, aber mit smaragdgrünem Nackenband. Hinterkopf bläulich, roter Ober- und schwärzlicher Unterschnabel. Auge mit rötlichem Ring. Graue Füße.
Biologie: In seinen Heimatländern besiedelte der Halsbandsittich ursprünglich locker bewaldete Landschaften. Als Kulturfolger tritt

er heute in landwirtschaftlich genutzten Gebieten (u. a. Plantagen) und im menschlichen Siedlungsbereich (Parks, Gärten) selbst mitten in Städten auf. Bei uns bewohnt er alte, höhlenreiche Baumbestände im Siedlungsbereich, u. a. in Parks, Friedhöfen und größeren Gärten. Der Vogel ist ein Höhlenbrüter, der Baumhöhlen, Spechthöhlen sowie Fels- und Mauerlöcher zur Eiablage (3–6 Eier) und Aufzucht der Jungen nutzt. Der konkurrenzstarke Halsbandsittich vertreibt dabei rigoros die Bewohner geeigneter Nisthöhlen wie Fledermäuse, Garten- und Siebenschläfer, Meisen und Spechte, selbst den größten bei uns vorkommenden Specht, den Schwarzspecht. Bei einem ausreichenden Angebot an Nistplätzen können sich lockere Brutkolonien bilden. Die Brutdauer beträgt 23 Tage. Nach etwa 7–8 Wochen verlassen die Jungen das Nest, werden aber noch ca. 3–4 Wochen von den Elterntieren geführt. Die Geschlechtsreife tritt mit Ende des 2. Lebensjahres ein.

Die Nahrung besteht überwiegend aus pflanzlicher Kost (Samen, Getreide, Früchte, Beeren, Triebspitzen, Blüten), gelegentlich auch Insekten. Als sehr anpassungsfähige Art erschloss sich der Halsbandsittich bei uns vielfältige Nahrungsquellen. Selbst Abfall- und Müllhalden werden nach fressbaren Abfällen durchsucht. Im Winter nutzen die Sittiche u. a. die zahlreichen Winterfütterungen und überstehen so die kalte Jahreszeit gut.

Der Halsbandsittich ist in einigen deutschen Städten ein etablierter Brutvogel.

Ursprüngliche Verbreitung: Afrika: vom Senegal bis Äthiopien und Nordsomalia. Südostasien: von Pakistan bis Südostchina und Sri Lanka.

Heutige Verbreitung: Am Ende des 20. Jahrhunderts ist der Halsbandsittich in vielen Teilen Afrikas, Asiens, Nordamerikas sowie in Europa eingebürgert. In Deutschland, Österreich, Belgien, Niederlande und Großbritannien gibt es stabile Populationen. Um 1970 erste Nachweise in Deutschland (unklar, ob Gefangenschaftsflüchtlinge oder bewusst ausgesetzte Vögel). In einigen deutschen Städten gilt er heute als etablierter Brutvogel, so in Heidelberg, Worms, Mainz, Wiesbaden, Bonn, Köln, Düsseldorf und Brühl.

Wissenswertes: Einem Steuermann von Alexander dem Großen schreibt man zu, die ersten Halsbandsittiche, die auch Alexandersittiche genannt werden, nach Europa (Griechenland) gebracht zu haben. Bei den Römern wurden Papageien ebenfalls hoch geschätzt und teuer bezahlt. So soll der Preis eines Exemplars des Großen Alexandersittichs (s. u.) über dem eines Sklaven gelegen haben.

Unter Artenschutzgesichtspunkten ist das Vorkommen des Halsbandsittichs nicht zu begrüßen, da er als konkurrenzstarke Art einheimische höhlenbrütende Tiere, darunter auch bedrohte Arten (u. a. Fledermäuse, Spechte) verdrängt. In seinen Heimatländern kann der Vogel in der Landwirtschaft vor allem dann erhebliche Schäden anrichten, wenn er in größeren Scharen auftritt.

Ähnliche Arten: Ähnliche Arten sind auf Südasien beschränkt. Bruten in Mitteleuropa konnten bisher noch nicht nachgewiesen werden. Zu nennen sind der Große Alexandersittich (*Psittacula eupatria*), der Kiefernsittich (*Psittacula derbyana*), der trockene Kiefernwälder Hochtibets bewohnt, und der als Käfigvogel gern gehaltene Pflaumenkopfsittich (*Psittacula cyanocephala*). Es gibt weitere frei fliegende und in deutschen Städten brütende Papageienarten: die Gelbscheitelamazone (*Amazona ochrocephala*), der Graupapagei (*Psittacus erithacus*) und der Mönchssittich (*Myiopsitta monachus*).

Rotwangen-Schmuckschildkröte
Chrysemis scripta elegans

Familie Sumpfschildkröten, Emydidae. **Merkmale:** Schildkröten sind an ihrem Panzer zu erkennen, der den ganzen Körper umgibt und nur vorn und hinten offen ist. Unsere Süßwasserschildkröten haben einen flach gewölbten Rückenpanzer, der 20, selten bis 30 cm lang ist. Die Rotwangen-Schmuckschildkröte hat, bei etwa gleicher Panzerform und Körperlänge, auf jeder Seite des Kopfes einen auffälligen, roten Wangenstrich.

Biologie: Süßwasserschildkröten findet man bei uns meist in abgelegenen, langsam fließenden oder stehenden Gewässern mit starkem Pflanzenbewuchs. Als Fleischfresser ernähren sie sich von Würmern, Schnecken, Amphibien und deren Entwicklungsstadien, selten von kranken oder geschwächten Fischen. Gelegentlich verschmähen sie auch Aas nicht.

Ursprüngliche Verbreitung:. Die Heimat der Rotwangen-Schmuckschildkröte ist Nordamerika.

Heutige Verbreitung: Die Rotwangen-Schmuckschildkröte, die früher in sehr großer Zahl für den Zoohandel aus Nordamerika nach Mitteleuropa importiert wurde, kann immer wieder, besonders zu Beginn der Ferienzeit, im Freiland beobachtet werden. Sie überlebt den mitteleuropäischen Winter in aller Regel nicht. Zumindest gelegentlich soll es jedoch, besonders im Rhein-Ruhr-Emscher-Gebiet zur dauerhaften Ansiedlung gekommen sein – bei der langen Lebens- und Generationsdauer der Wasserschildkröten müssen diese Populationen zukünftig sehr eingehend überwacht werden. Falls sich diese Befunde bestätigen, was durchaus der Fall sein kann, wäre *Chrysemis scripta elegans* als Neozoon anzusprechen.

Wissenswertes: Am Beispiel der Schildkröten soll hier die leider allzu oft vorhandene Bereitschaft angeprangert werden, Tiere als »pflegeleichtes Wegwerfspielzeug« für Kinder zu kaufen. Glücklicherweise sind die Importe durch verschärfte Einfuhrbestimmungen seit 1990 drastisch reduziert worden. Dazu einige Zahlen aus der Zeit vor Inkrafttreten der Einfuhrbegrenzung: Noch im Jahr 1971 exportierte Jugoslawien 124 236 Landschildkröten in die Bundesrepublik. Jährliche Zahlen von über 1 Million Tiere kennen wir von den Transporten aus Nordamerika, die neben anderen Arten meist aus Rotwangen-Schmuckschildkröten bestanden. 95% dieser Tiere überlebten den nächsten Winter nicht oder wurden unsachgemäß »zu Tode gepflegt«. Oft wurden die Tiere (meist Jungtiere) vor dem Urlaub »in die Freiheit« entlassen und gingen dort jämmerlich zugrunde.

Ähnliche Arten: In Mitteleuropa fand man ursprünglich nur 1 Art von Wasserschildkröten, die Europäische Sumpfschildkröte (*Emis orbicularis*). Die Europäische Sumpfschildkröte kommt nur noch in kleinen Gebieten im Osten Deutschlands dauerhaft vor. Obwohl andernorts wiederholt Auswilderungsversuche unternommen wurden, konnte in keinem Fall eine dauerhafte, das heißt über mehrere Jahre fortdauernde Fortpflanzung

Die Heimat der Rotwangen-Schmuckschildkröte ist Nordamerika.

nachgewiesen werden. Nicht selten findet man auch <u>Griechische</u> oder <u>Maurische Landschildkröten</u> (*Testudo hermanni* und *Testudo graeca*), deren Heimat die Mittelmeerrandgebiete sind, ausgesetzt oder entwichen, die den Winter im Freien nicht überstehen. Unter den Landschildkröten finden wir also in Deutschland mit Sicherheit keine Neozoen.

Ochsenfrosch

Rana catesbeiana

Familie Echte Frösche, Ranidae.
Merkmale: Der Ochsenfrosch wird bis zu 20 cm groß und damit erheblich größer als alle einheimischen Froscharten. Die Färbung der Oberseite ist grün bis braun, die Beine weisen dunkle Querbänder auf. Die Bauchseite ist hell mit grauen Flecken, die Kehlregion oft gelblich gefärbt. Der Ruf des Ochsenfroschs ist ein tiefes Grunzen. Auch hierin unterscheidet er sich deutlich von allen heimischen Arten.
Biologie: Der zeitlebens an das Wasser gebundene Ochsenfrosch lebt an stehenden und fließenden Gewässern mit reicher Ufervegetation. Er lebt in Kolonien, wobei die Männchen territorial sind, d. h. eine bestimmte Raumordnung einhalten. Die Territorien werden gegen Eindringlinge der eigenen Art heftig verteidigt. Jeder Ochsenfrosch besitzt seinen eigenen Sitzplatz am Ufer. Ochsenfrösche sind für ihre Gefräßigkeit berüchtigt. Zur Nah-

rung gehören Insekten, Muscheln, Schnecken, Fische, andere Froscharten, Reptilien und sogar kleine Säuger. Junge oder kleine Wasservögel werden vom Ochsenfrosch in die Tiefe gezogen, ertränkt und dann verschlungen.
Der Ochsenfrosch benötigt bis zur Geschlechtsreife 4–5 Jahre. Die Paarung findet im Sommer statt. Die Laichballen der Ochsenfrösche bestehen aus 10 000–20 000 Eiern, aus denen binnen 1 Woche die Kaulquappen schlüpfen, die dann 1–3 Jahre für die Entwicklung zum Frosch benötigen.
Ursprüngliche Verbreitung: Der Ochsenfrosch stammt aus dem Osten der USA.
Heutige Verbreitung: In den Jahren 1932–1937 wurde der Ochsenfrosch zur Gewinnung von Froschschenkeln für den Verzehr nach Norditalien eingeführt und konnte sich dort erfolgreich etablieren. Nach Deutschland wurde der Ochsenfrosch erstmals 1934 aus Philadelphia, ebenfalls zum Zwecke der Froschschenkelproduktion in die Lüneburger Heide eingeführt. Aus dem Laich der 5 eingeführten Ochsenfroschpaare entwickelten sich 20 000 Kaulquappen, die 1935 ihre Entwicklung abgeschlossen hatten. Teichwirte aus der Umgebung, die eine Ausbreitung des möglichen Fischereischädlings befürchteten, erhoben, beunruhigt durch die Massenvermehrung und einige der Zucht entwichene ältere Tiere, Einspruch gegen die Ochsenfroschzucht. Diese wurde dann auch auf

Der Ochsenfrosch – ein gefräßiger Räuber.

behördliche Anordnung eingestellt und die der Zucht entwichenen Frösche mit Schrot erschossen. Nachdem in den 1970er und 1980er Jahren Gartenteiche in Deutschland immer populärer wurden, und viele Besitzer diese auch mit exotischen Tieren besiedeln wollten, wurden Ochsenfrösche vom Fachhandel importiert und den Teichbesitzern angeboten. So existiert im süddeutschen Raum, im Landkreis Böblingen seit 1992 eine erfolgreich reproduzierende Ochsenfroschpopulation. Man kann davon ausgehen, dass in klimatisch ähnlich günstigen Gebieten im deutschsprachigen Raum weitere Populationen existieren, da ausreichend Tiere auf den deutschen und benachbarten Märkten zur Verfügung standen.

Wissenswertes: Der Ochsenfrosch ist nicht nur ein Nahrungskonkurrent der heimischen Froscharten, sondern, wie Magenuntersuchungen ergaben, erbeutet er diese auch und kann ihre Bestände erheblich dezimieren. So stellt der Ochsenfrosch eine Gefährdungspotenzial für die heimische Froschfauna dar. Unter günstigen klimatischen Bedingungen kann sich der Ochsenfrosch explosionsartig verbreiten und könnte so einen zusätzlichen Druck auf die ohnehin z. T. bedrohten heimischen Arten ausüben.

Die meisten der weltweit als Delikatesse angebotenen Froschschenkel stammen vom Asiatischen Ochsenfrosch (*Rana tigrina*). 1990 haben Indien und Bangladesch ca. 6500 Tonnen Froschschenkel exportiert – dies entspricht etwa 150 Millionen Fröschen. Diese Frösche werden in der Hauptsache aus Reisfeldern entnommen, in denen sie jedoch eine wichtige Rolle als Insektenvertilger innehaben. Durch das Absammeln der Frösche in den Reisfeldern kommt es somit zu einem verstärkten Schädlingsbefall am Reis. Als Folge davon müssen Insektizide zur Vernichtung der Insekten eingesetzt werden, die nicht nur gefährliche Rückstände hinterlassen, sondern auch die Gewinne aus dem Froschschenkelexport durch ihre hohen Kosten nahezu wieder auffressen.

Regenbogenforelle
Oncorhynchus mykiss

Familie Lachsfische, Salmonidae.
Merkmale: Gedrungener, torpedoförmiger Körper. Kopf mit stumpfer Schnauze und weit hinter die Augen reichendem Maul. Fettflosse zwischen Rücken- und Schwanzflosse. Der Rücken weist eine olivgrüne bis dunkelgrüne Färbung auf, die Flanken sind heller, mit einem rosafarbenem, schillerndem Längsband. Mit Ausnahme des silbrig weißen Bauches ist der Körper mit zahlreichen schwarzen Flecken versehen.

Länge bis 70 cm, meist jedoch 25–50 cm.
Biologie: Die Regenbogenforelle ist gegenüber niedrigerem Sauerstoffgehalt und höheren Wassertemperaturen toleranter als die einheimische Bachforelle (*Salmo trutta fario*). Eine natürliche Fortpflanzung wird in Europa vor allem in den letzten Jahren zunehmend häufiger beobachtet.
Die Laichzeit erstreckt sich von Dezember bis Mai. Dabei geben die Weibchen 1600–2000 Eier pro Kilogramm Körpergewicht knapp oberhalb einer etwa 15–30 cm tiefen Laichgrube ab, wobei diese vom Männchen besamt werden. Anschließend werden sie mit Kies bedeckt. Die schlüpfende Dottersackbrut hält sich zunächst im Kieslückensystem auf. Die Regenbogenforelle ernährt sich von Insektenlarven, Bachflohkrebsen und Fluginsekten. Räuberische Großforellen fressen auch kleine Fische und die eigene Brut.
Ursprüngliche Verbreitung: Nordamerika. Zwei Formen der Regenbogenforelle werden unterschieden. Die Küstenform wandert zum Ablaichen aus den Küstengewässern die Flüsse hinauf (Süd-Alaska bis Süd-Oregon). Die Süßwasserform bewohnt die Fließgewässer und Seen der Sierra Nevada.
Heutige Verbreitung: Fast weltweit als Wirtschaftsfisch verbreitet. Nach Deutschland wurde die Fischart um 1880 aus Nordamerika eingeführt und in Fischzuchtanstalten gehalten. Bis heute wird sie in vielen Gewässern ausgesetzt.

Die Regenbogenforelle ist heute als Wirtschaftsfisch fast weltweit verbreitet.

Wissenswertes: Wissenschaftliche Untersuchungen weisen auf eine Nahrungskonkurrenz zwischen Regenbogenforelle sowie anderen Bachfischarten (u. a. Bachforelle) hin. Hinweise in den letzten Jahren belegen eine natürliche Reproduktion dieser Fischart in europäischen Gewässern. Die gebietsfremde Regenbogenforelle laicht etwas später als die einheimische Bachforelle auf dem gleichen Substrat ab. Dadurch können die Bachforelleneier aus dem kiesigen Untergrund geschleudert werden und zugrunde gehen. In Deutschland (Bodenseezuflüsse), der Schweiz und Liechtenstein wurde der Besatz von Gewässern mit Regenbogenforellen zum Schutz der heimischen Bachfischarten verbo-

ten. Die Regenbogenforelle wächst bei geeigneten Futtergaben sehr rasch und kann schon nach 2 Sommern eine Länge von 20–26 cm erreichen. Deshalb gilt sie bei uns als wichtiger Wirtschaftsfisch, der vornehmlich auch in Teichwirtschaften gehalten wird. Als Frischfisch oder in geräucherter Form gelangen sie in den Handel.

Ähnliche Arten: Aus dem Westen Nordamerikas stammt die Cutthroat-Forelle (*Oncorhynchus clarki*), deren typisches Merkmal ein blutroter Streifen auf beiden Seiten der Kehle ist. Heute noch in einigen Teichwirtschaften Europas gehalten, wurde diese Fischart früher oft mit der Regenbogenforelle gekreuzt. Nach Europa gelangte 1884 der

Bachsaibling (*Salvelinus fontinalis*), dessen Heimat kalte Fließgewässer und Seen im Osten Nordamerikas sind. Bei uns wurde er in entsprechende Gewässer eingesetzt und muss ebenfalls als Konkurrent zu den heimischen Bachfischarten gesehen werden.

Graskarpfen
Ctenopharyngodon idella

Familie Karpfenfische, Cyprinidae.
Merkmale: Langgestreckter, spindelförmiger Körper mit breitem, oben und unten abgeflachten Kopf. Dunkelgrüner Rücken, zu den Flanken heller werdend. Bauch weißlich. Die großen Schuppen besitzen einen dunklen Rand. Maximale Länge: 100–120 cm.
Biologie: In seiner Heimat besiedelt der wärmeliebende Graskarpfen langsam fließende Flüsse und Seen.

Die optimalen Temperaturen liegen zwischen 22 und 26 °C. Bei Wassertemperaturen unter 15 °C wird die Nahrungsaufnahme eingestellt. Die Nahrung besteht überwiegend aus Wasserpflanzen. Jungtiere bis etwa 10 cm ernähren sich von wirbellosen Kleintieren. Die Eiablage geschieht in stark strömendem Wasser über kiesigem Grund. In Deutschland konnte eine natürliche Vermehrung bisher nicht nachgewiesen werden, obwohl am nördlichen Oberrhein geeignete Bedingungen für diese Fischart gegeben sind.
Ursprüngliche Verbreitung: Ostasien. Flüsse und Seen der Ebenen Chinas. Das genaue Herkunftsgebiet kann nur ungefähr ermittelt werden, da in China ab dem 10. Jahrhundert ein künstlicher Besatz mit dieser Fischart erfolgt ist.
Heutige Verbreitung: Der Graskarpfen ist heute in Europa weit ver-

Graskarpfen bevorzugen warme, langsam fließende Gewässer.

breitet. Ab 1965 nach Deutschland eingeführt, kommt er heute in den Einzugsgebieten von Rhein, Donau und Elbe sowie in stehenden Gewässern vor.

Wissenswertes: Graskarpfen wurden in mitteleuropäische Gewässer u.a. auch eingesetzt, um starkes Pflanzenaufkommen zu regulieren. Der in unseren Gewässern meist 20–25 kg (seltener bis 60 kg) schwer werdende Graskarpfen verzehrt bei Wassertemperaturen um 25 °C täglich bis zu 120% seines Körpergewichtes. Dies kann zu einer verheerenden Schädigung von Wasserpflanzenbeständen führen, darunter auch vor allem die für Fische wichtigen Laichkraut-Arten sowie gefährdete und geschützte Wasserpflanzenarten (z. B. Wassernuss und Seekanne). Dadurch gehen nicht nur Eiablagemöglichkeiten von verschiedenen Fischarten (u. a. Karpfen, Rotfeder, Schleie) und Wasserinsekten (u.a. verschiedene Libellenarten) verloren, sondern es werden auch Nahrungsplätze und Unterstände von wirbellosen Wassertieren, Fischbrut und Altfischen vernichtet. So wurden beispielsweise im Südwesten Deutschlands (Rheinland-Pfalz) die Wasserpflanzengesellschaften von Naturweihern nach Graskarpfenbesatz völlig vernichtet. Mit der Verbreitung des Graskarpfens sowie der nachstehend erwähnten Arten wurden neue, bisher unbekannte Fischkrankheiten nach Mitteleuropa eingeschleppt.

Ähnliche Arten: Mit dem Graskarpfen gelangten auch der Marmor-karpfen (*Hypophthalmichthys nobilis*) und der Silberkarpfen (*Hypophthalmichthys molitrix*) zur fischereilichen Nutzung nach Europa. Während der Silberkarpfen in der Jugend tierisches Plankton (Zooplankton) und später pflanzliches Plankton (Phytoplankton) verzehrt, ernährt sich der Marmorkarpfen von Zooplankton sowie bei Wassertemperaturen unter 19 °C von wirbellosen Wassertieren und Kleinfischen.

Sonnenbarsch
Lepomis gibbosus

Familie Sonnenfische, Centrarchidae. **Merkmale:** Der Sonnenbarsch besitzt einen hochrückigen Körper, der seitlich stark zusammengedrückt ist. Die Grundfärbung ist olivbraun, mit vielen grünlich und bläulich schimmernden Partien. Die Flanken weisen kleine gelbbraune bis orangefarbene Flecken auf. Typisches Merkmal ist der schwarze, oft rot gerandete Fleck auf den Kiemendeckeln. Bei uns erreicht der Sonnenbarsch eine durchschnittliche Länge von 10–15 cm, selten mehr.

Biologie: Diese Fischart besiedelt pflanzen- und totholzreiche, stehende bis langsam fließende Gewässer. Im Oberrheingebiet ist er sehr häufig in Alt- und Auegewässern, Weihern und Baggerseen anzutreffen. Die Laichzeit reicht von Mai bis Juni. Für die Eiablage, die in mehreren Schüben erfolgt, wird eine

Typisches Merkmal des Sonnenbarsches – der schwarze Fleck auf den Kiemendeckeln.

Laichgrube angelegt. Der standorttreue Fisch zeigt besonders in der Laichzeit ein ausgeprägtes Revierverhalten. Die Elterntiere bewachen das Gelege und die Brut. Mögliche Feinde werden vertrieben. Dabei werden auch Fische attackiert, die wesentlich größer sind als der Sonnenbarsch.

Ursprüngliche Verbreitung: Die Heimat des Sonnenbarsches ist Nordamerika. Dort kommt er von den Großen Seen bis nach Florida vor.

Heutige Verbreitung: Der Sonnenbarsch wurde 1877 aus Nordamerika als Teich- und Aquarienfisch nach Europa eingeführt. Heute ist die Art in Mittel- und Südeuropa weit verbreitet. In Deutschland ist ihr Vorkommen für das Rhein-, Donau- und Elbeeinzugsgebiet belegt.

Wissenswertes: Der Sonnenbarsch gilt am Oberrhein als die am stärksten etablierte gebietsfremde Fischart. Aus ökologischer Sicht kann seine Verbreitung nicht wünschenswert sein, da er ein arger Räuber ist. Wirbellose Wassertiere aller Art, Fischlaich und Fischbrut sowie Amphibienlarven leiden stark unter seinem Fraßdruck. Wissenschaftler vermuten, dass Laich und Brut der am Oberrhein stark gefährdeten pflanzenlaichenden Fischarten (z. B. Rotfeder, *Scardinius erythrophthalmus*) durch den Sonnenbarsch vernichtet werden. Eingehende Untersuchungen zu dieser Fragestellung stehen jedoch noch aus. Der Sonnenbarsch sowie weitere Vertreter aus der Familie der Sonnenfische werden gern als Aquarienfische gehalten.

Ähnliche Arten: Mit dem Sonnenbarsch wurden Ende des 19. Jahrhunderts weitere zu den Sonnenfischen zu rechnende Barscharten von Nordamerika nach Europa eingeführt. Zu nennen sind der Grüne Sonnenbarsch (*Lepomis cyanellus*), der Ohrenbarsch (*Lepomis auritus*), der Schwarzbarsch (*Micropterus dolomieu*) und der Forellenbarsch (*Micropterus salmoides*). Die beiden letztgenannten Arten werden fischereilich genutzt. Diese Arten waren bei uns im Freiland jedoch weitaus weniger erfolgreich als der Sonnenbarsch. Sie erreichten größtenteils nur lokale Bedeutung oder die Vorkommen sind erloschen.

Pharaoameise
Monomorium pharaonis

Familie Knotenameisen, Myrmicidae. **Merkmale:** Die 2 mm großen Arbeiterinnen sind bernsteingelb gefärbt. Lediglich die Hinterleibsspitze weist eine dunkle Färbung auf. Wie bei allen Knotenameisen verbindet ein zweiknotiger Stiel Vorder- und Hinterkörper. Die Männchen sind etwas größer und schwarz gefärbt. Die bis zu 4,5 mm große Königin hat eine etwas dunklere Farbe als die Arbeiterinnen. Der Name Pharaoameise beruht auf einer irrtümlichen Verbindung zu den ägyptischen Plagen.

Biologie: In unseren klimatischen Breiten ist die Pharaoameise an geheizte Räume gebunden, da sie den rauen Winter im Freien nicht überstehen könnte. So wird sie vor allem in Gebäuden mit konstant hohen Temperaturen wie z. B. Krankenhäusern, Bäckereien, Großküchen, Treibhäusern, aber auch in Privathaushalten angetroffen. Die Pharaoameise ist ein Allesfresser. Sie bevorzugt zuckerhaltige und stark eiweißhaltige Stoffe, ernährt sich aber auch von Lebensmitteln aller Art.

Wie alle Ameisen lebt die Pharaoameise in Kolonien. Ihre Nester legt sie meist gut versteckt im Mauerwerk an. Dabei sucht sie sich die wärmsten Stellen im Haus aus. Ein Nest hat immer mehrere Königinnen. Sobald eine Kolonie zu groß geworden ist, werden Tochterkolonien angelegt, die anfangs noch mit der Mutterkolonie in Verbindung stehen, sich dann aber auch verselbstständigen können.

Ursprüngliche Verbreitung: Die Heimat der Pharaoameise ist der asiatische Raum. Es wird vermutet, dass sie sehr wahrscheinlich ursprünglich aus Ostindien stammt.

Heutige Verbreitung: Durch Handel und Verkehr wurde sie im 19. Jahrhundert nach Europa eingeschleppt. Heute ist sie weltweit verbreitet. In unseren Breiten ist sie mehr oder weniger zu einem Kulturfolger geworden.

Die Pharaoameise – ein gefürchteter Schädling in Krankenhäusen und in der elektronischen Datenverarbeitung.

Wissenswertes: Die Stiche der Pharaoameise sind äußerst schmerzhaft. In Krankenhäusern kriecht sie, angelockt durch Blut und Eiter, gerne unter Wundverbände und »benagt« die Patienten. Aufgrund ihrer geringen Größe und ihrer Vorliebe für Spalten und Ritzen dringt sie aber auch in bereits sterilisierte medizinische Geräte wie Spritzkanülen, Katheter und dergleichen ein und beschmutzt diese. Auch Krankheiten können von ihr übertragen werden. Pharaoameisen stellen aus den genannten Gründen in Krankenhäusern eine große Gefahr dar und müssen sofort bekämpft werden.

In jüngerer Zeit bedrohen Pharaoameisen auch die elektronische Datenverarbeitung. Angelockt durch die süßen Schutzgele der Stromkabel und die günstigen Temperaturen dringen sie in Computer ein und können dort Systemabstürze und Elektrobrände verursachen. Eine Bekämpfung von Pharaoameisen gestaltet sich wegen der versteckten Lage der Nester schwierig. Ein Abtöten der Arbeiterinnen mit normalen Insektiziden hat wenig Sinn, da die Königinnen im Nest relativ schnell für Ersatz sorgen. Deshalb werden Pharaoameisen heute nur noch mit Fraßködern bekämpft. Die Fraßköder enthalten Giftstoffe oder Häutungshemmer in subletaler Dosis, die von den Arbeiterinnen ins Nest getragen werden und dort bei der Verfütterung Königin und Brut vergiften. Der Tod tritt dann nach mehrfacher Nahrungsaufnahme oder bei Häutungshemmern während der Häutung zum nächsten Larvenstadium ein.

Bekreuzter Traubenwickler

Lobesia botrana

Familie Wickler, Tortricidae.
Merkmale: Der Bekreuzte Traubenwickler hat ca. 12 mm Flügelspannweite. Die Vorderflügel sind gelblichgrau bis grünlichgrau und sind durch breite weißgraue und feine, stark geschwungene dunkle Querbinden gekennzeichnet. Die Flügelspitze weist einen dunklen Punkt auf.
Biologie: Die Schmetterlinge fliegen von April bis August in 2–3 Generationen, besonders in der Dämmerung. Nach der Begattung legen die Weibchen etwa 30–100 Eier einzeln an den Knospen und Knospenstielen der Weinrebe ab. Nach 10 Tagen schlüpfen die Larven (= Raupen). Die etwa 10 mm große Raupe ist gelblichgrün bis bläulichweiß. Kopf und Nackenschild sind gelbbraun. Die Larven der 1. Generation leben in einer Wohnröhre zwischen versponnenen Blüten und Blättern und fressen Blüten und Knospen der Weinrebe. Dies geschieht etwa zur Zeit der Heuernte, daher stammt der deutsche Name »Heuwurm«. Die Larven der 2. Generation fressen dann im August an den Weinbeeren und ermöglichen damit auch Bakterien und Pilzen in die Beeren einzudringen. Da die Weinbeeren dann sauer werden, werden die -Larven der 2. Generation im Volksmund auch als »Sauerwurm« bezeichnet. Bei günstigen klimatischen Bedingungen kann es in wär-

Der Bekreuzte Traubenwickler ist aus Südeuropa nach Deutschland eingewandert.

Die Larven des Bekreuzten Traubenwicklers sind Schädlinge im Weinbau.

meren Lagen auch zur Ausbildung einer 3. Generation kommen. Die ca. 6 mm große Puppe ist olivgrün, liegt in einem weißen Gespinst zwischen Blättern und Blütenständen und überwintert dort. Die Schmetterlinge sind dämmerungs- bzw. nachtaktiv.

Ursprüngliche Verbreitung: Der Bekreuzte Traubenwickler ist ursprünglich in Südeuropa beheimatet.

Heutige Verbreitung: Zu Beginn des 20. Jahrhunderts ist die Art nach Deutschland eingewandert und ist seitdem, bedingt durch die stetige Klimaerwärmung, vor allem in Süddeutschland fest etabliert.

Wissenswertes: Wegen seiner Lebensweise ist der Traubenwickler ein gefürchteter Schädling im Weinbau. Die Larven können heute weitgehend umweltverträglich mit mikrobiellen Pflanzenschutzmitteln auf der Basis von insektenspezifischen Bakterien (*Bacillus thuringiensis*) erfolgreich bekämpft werden. Auch eine Bekämpfung mit biotechnischen Verfahren (Pheromonfallen) oder durch den Einsatz der parasitären Schlupfwespe *Trichogramma embryophagum* ist möglich.

Ähnliche Arten: In den warmen und trockenen Weinanbaugebieten Deutschlands hat der Bekreuzte Traubenwickler die einheimische Traubenwicklerart, den Einbindigen Traubenwickler (*Eupoecilia ambi-*

guella) bereits verdrängt. In mittleren Lagen kommen beide Traubenwicklerarten gemeinsam vor, während in kühleren Lagen die heimische Art vorherrscht. Der Einbindige Taubenwickler lässt sich vom Bekreuzten Traubenwickler leicht anhand der Zeichnung der Vorderflügel unterscheiden, die bei der einheimischen Art nur 1 dunkle Längsbinde aufweist.

Kartoffelkäfer
Leptinotarsa decemlineata

Familie Blattkäfer, Chrysomelidae.
Merkmale: Der auch als Coloradokäfer bekannte Kartoffelkäfer wird etwa 6–11 mm lang und ist von gedrungen-gerundeter Gestalt. Der Käfer ist durch seine gelbe Grundfarbe mit den schwarzen Flecken auf dem Halsschild sowie den je 5 schwarzen Längsstreifen auf den Flügeldecken nicht mit anderen Arten zu verwechseln.

Biologie: Der Kartoffelkäfer lebt vor allem auf Kartoffelpflanzen, ist aber auch mitunter an anderen Nachtschattengewächsen wie z. B. Tollkirsche und Tabak zu finden. Sowohl der erwachsene Käfer als auch seine Larven ernähren sich von den Blättern ihrer Wirtspflanzen.

Das Weibchen legt bis zu 2 400 gelbliche Eier, die es in Gruppen an die Blattunterseite der Kartoffelpflanze klebt. Aus den Eiern schlüpfen nach 5–12 Tagen die leuchtend

Der Kartoffelkäfer – hier bei der Eiablage – ist durch seine Zeichnung unverwechselbar.

Die Larven des Kartoffelkäfers verursachten nach dem 2. Weltkrieg schwere Schäden im Kartoffelanbau durch Kahlfraß.

roten Larven, die durch ihre 2 seit-
lichen schwarzen Punktreihen gekennzeichnet sind. Nach dreimaliger
Häutung kriechen die Larven zur
Verpuppung in die Erde. Die erwachsenen Käfer schlüpfen nach
2–3 Wochen. In Mitteleuropa bringt
der Kartoffelkäfer meist 2 Generationen pro Sommer hervor.

Ursprüngliche Verbreitung: Der Kartoffelkäfer war ursprünglich in Colo-
rado (USA) beheimatet und ernähr-
te sich dort von wilden Nachtschattengewächsen. Mit der stärkeren
Besiedlung dieses Teiles der Vereinigten Staaten und dem damit verbundenen Kartoffelanbau ging er
auf diese Futterpflanze über, die
ihm bessere Entwicklungs- und Ver-

mehrungsbedingungen bot. Hierdurch erhöhte sich die Populations-
dichte sehr stark, was wiederum einen Wandertrieb auslöste, der bald
verheerende Folgen haben sollte.

Heutige Verbreitung: Der Kartoffelkäfer durchquerte innerhalb von 15
Jahren den ganzen nordamerikanischen Kontinent und erreichte um
1874 die Atlantikküste mit ihren
großen Ausfuhrhäfen. Infolge des
starken Schiffsverkehrs zwischen
der neuen und der alten Welt und
dem damit verbundenen Güteraus-
tausch war es nur noch eine Frage
der Zeit, wann der Kartoffelkäfer
auch Europa erreichen würde. 1876
wurde er dann erstmals auf einem
Dampfer und auch in einem Bremer

Güterschuppen entdeckt. 1877 wurden nicht nur Funde aus Liverpool und Rotterdam, sondern bereits aus dem Binnenland in Mülheim an der Ruhr und Torgau (Sachsen) gemeldet. In der Folgezeit wurde der Käfer nach Einschleppungen immer wieder ausgerottet. Nach dem Ersten Weltkrieg landete er jedoch erneut mit aus Amerika eingeführten Kartoffeln in Bordeaux und verbreitete sich rasch über Süd- und Westfrankreich. 1935 war bereits ganz Frankreich befallen und 1936 wurde der Kartoffelkäfer bereits in größerem Ausmaß im Saarland festgestellt. Der entscheidende Durchbruch gelang dem Kartoffelkäfer mit Ausbruch des Zweiten Weltkrieges. Mit rasender Geschwindigkeit eroberte er Süddeutschland und Österreich und war bereits 1943 in Italien und Jugoslawien anzutreffen. Seit 1948 ist das gesamte deutsche Gebiet befallen. Heute ist die Art schon tief nach Russland eingedrungen und wird bald das gesamte südliche Eurasien besiedeln.

Wissenswertes: Aufgrund der sehr kurzen Generationsdauer und der hohen Nachkommenzahl besitzt der Kartoffelkäfer ein ungeheures Vermehrungspotenzial, sodass es ein einziges Kartoffelkäferpaar in einem Sommer theoretisch auf mehrere Millionen Nachkommen bringen kann. Bei starkem Auftreten können Larven und Käfer Kartoffelfelder völlig kahl fressen und so schweren wirtschaftlichen Schaden anrichten. So waren gerade nach dem Zweiten Weltkrieg in Deutschland Totalverluste auf 20% der angebauten Fläche und Teilverluste von 50% auf den restlichen Feldern nicht selten. Während des Kalten Krieges beschuldigte die damalige Sowjetunion die USA, Osteuropa mit Kartoffelkäfern zu bombardieren. In den russischen Medien wurde der Käfer damals als »sechsbeiniger Botschafter der Wallstreet« bezeichnet. Der Kartoffelkäfer wird seit vielen Jahrzehnten mit verschiedenen Insektiziden bekämpft. Er ist auch heute noch bei uns zu den Großschädlingen zu rechnen, obwohl der Kartoffelanbau, bedingt durch den Einsatz wirksamer Bekämpfungsmittel, nicht mehr gefährdet ist. Auch die heimische Fauna hat sich mit den Jahren gut an den Kartoffelkäfer angepasst und ihn als Beutetier akzeptiert.

San-José-Schildlaus

Quadraspidiotus perniciosus

Familie Diaspididae, Deckelschildläuse. **Merkmale:** Das Weibchen ist 1–2 mm groß und von grauer Farbe. Es ist vollständig von einem gelben, kreisrunden Schild, das einen zentral sitzenden Nippel aufweist, bedeckt. Das kleinere, orangefarbene Männchen ist durch seinen ovalen Schild gekennzeichnet. Im Gegensatz zum flügellosen Weibchen besitzt das Männchen 1 Paar große Vorderflügel und 1 Paar sehr kleine Hinterflügel.

Biologie: Die parasitisch lebende San-José-Schildlaus hat weltweit etwa 700 mögliche Wirtspflanzen. In unseren Breiten findet sie sich vor allem an Obstbäumen und -sträuchern wie z. B. Apfel, Birne, Pfirsich, Zwetschge und Johannisbeere. Mit ihrem langen Saugrüssel saugt sie an Zweigen, Ästen und Früchten der Bäume. Bei starkem Befall bilden die Tiere an den Obstbäumen regelrechte aschgraue Krusten. In der Folge sterben die Bäume entweder von oben her ab oder werden von unten entblättert. Die Triebe verkümmern und befallene Früchte werden unverkäuflich.

Die San-José-Schildlaus ist lebend gebärend. Das Weibchen produziert bis zu 400, nur 0,2 mm große Larven, die zunächst umherwandern, sich dann jedoch festsetzen und einen Schild bilden. In Mitteleuropa bildet die San-José-Schildlaus 2–3 Generationen pro Jahr.

Von der San-José-Schildlaus befallener Apfel mit den typischen roten Flecken.

Die San-José-Schildlaus wurde aus Kalifornien nach Süddeutschland eingeschleppt. Diese Kolonie hat einen Rosenstängel befallen.

Ursprüngliche Verbreitung: Die ursprüngliche Heimat der San-José-Schildlaus ist sehr wahrscheinlich Nordchina.

Heutige Verbreitung: Von dort erfolgte eine Verschleppung nach Kalifornien (bei San José, daher der Name). Mittlerweile ist die San-José-Schildlaus in den wärmeren Teilen der Welt weit verbreitet. In Deutschland wurde sie erstmals 1946 in einem Obstanbaugebiet in Dossenheim bei Heidelberg entdeckt. Wahrscheinlich wurde sie jedoch schon einige Jahre zuvor mit befallenem Pflanzgut nach Deutschland eingeschleppt.

Wissenswertes: Ihre hohe Nachkommenzahl sowie ihre kurze Generationsdauer machen die San-José-Schildlaus zu einem gefährlichen Obstschädling. So waren 1954 bereits mehr als 80% der Obstbäume in Südwestdeutschland von der San-José-Schildlaus befallen.

1950 kam dem damaligen Direktor der Landesanstalt für Pflanzenschutz in Stuttgart der Gedanke, gegen den eingeschleppten Schädling durch Nachführen eines natürlichen Feindes aus dem Herkunftsland vorzugehen – der Schlupfwespe *Prospaltella perniciosi* (Aphelinidae), die er auf einer Studienreise in den USA kennengelernt hatte.

Prospaltella perniciosi war ursprünglich in den Oststaaten der USA beheimatet. Diese etwa 0,8 mm große, parasitische Schlupfwespe ist extrem artspezifisch und kann sich nur in der San-José-Schildlaus entwickeln. Selbst nahe verwandte Schildläuse werden als Wirt verschmäht. Das Weibchen von *Prospaltella perniciosi* legt seine 10–40 Eier mit Hilfe eines Legestachels in die San-José-Schildläuse ab. Dort findet die Entwicklung der Schlupfwespen zum erwachsenen Insekt statt, die zum Tod des Wirtstieres führt. Die Schlupfwespe bohrt sich dann durch den Schild der Schildlaus nach außen und hinterlässt dabei ein charakteristisches Loch. Da *Prospaltella perniciosi* 3–4 Generationen pro Jahr hervorbringt, eignet sich dieser Parasit hervorragend zu einer flächendeckenden Bekämpfung der San-José-Schildlaus. So wurde die Schlupfwespe 1950 nach Deutschland importiert und in einem Insektarium in Stuttgart wurde mit der Massenzucht von *Prospaltella* begonnen. In den Jahren 1954–1974 wurden in Baden-Württemberg insgesamt 27,5 Millionen *Prospaltella perniciosi* in die Schadgebiete der San-José-Schildlaus freigelassen. Schon bald zeigten sich erste Erfolge und nach nur wenigen Jahren konnte die Schildlaus in Südwestdeutschland durch diese Art der biologischen Bekämpfung wirksam unter Kontrolle gehalten werden.

Reblaus
Dactylosphaera vitifoliae

Familie Zwergläuse, Phylloxeridae.
Merkmale: Kleine, nur bis 1,5 mm große Blattläuse. Die unterirdischen Formen sind von meist grünlichgelber bis olivbrauner Farbe, während

Blattgallen der Reblaus.

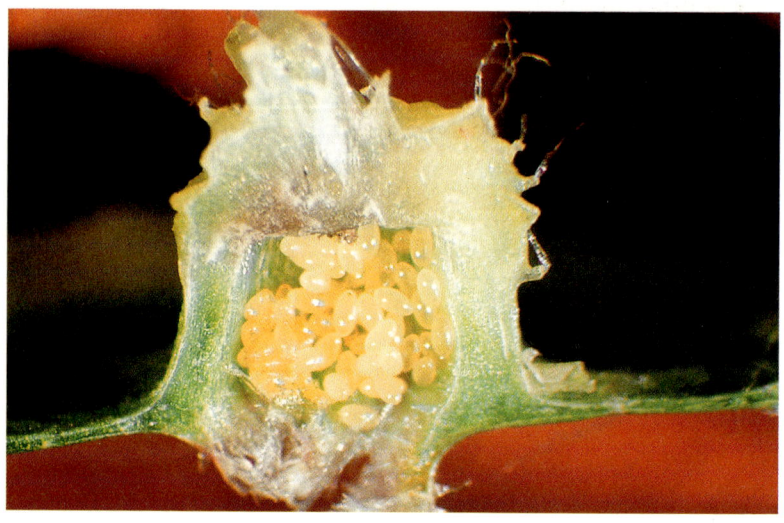

Aufgeschnittene Blattgalle mit Eiern der Reblaus.

die oberirdischen Formen eine gelborange Farbe aufweisen.

Biologie: Die Reblaus lebt parasitisch auf Weinreben und saugt dort an Blättern und Wurzeln. Sie durchläuft einen komplizierten Entwicklungszyklus mit zweigeschlechtlichen und durch Jungfernzeugung (Parthenogenese) entstandenen Generationen sowie mit unterirdischen (Radicole) und oberirdischen Formen (Gallicole). Durch das Saugen der Rebläuse entstehen an Blättern und Wurzeln Wucherungen und Krusten, die zum Absterben der Pflanze führen können. Während jedoch die Wurzeln europäischer Weinreben äußerst anfällig gegenüber der Reblaus sind, bilden amerikanische Reben diese Wucherungen nicht aus, sie sind weitgehend resistent. Dafür sind die Blätter der amerikanischen Rebsorten anfälliger gegen Befall als die europäischen. In Mitteleuropa wird im Gegensatz zu Nordamerika nur ein unvollständiger Entwicklungszyklus (Wurzelzyklus) mit 6–8 Generationen pro Jahr durchlaufen.

Ursprüngliche Verbreitung: Die Art ist in Nordamerika beheimatet. 1855 wurde sie erstmals in den USA entdeckt und beschrieben.

Heutige Verbreitung: Die Reblaus wurde Mitte des 19. Jahrhunderts aus Amerika eingeschleppt. Damals wurden amerikanische Reben nach Europa eingeführt, da man sich von ihnen eine höhere Widerstandsfähigkeit gegen den kurz zuvor eingeschleppten Echten Mehltau (*Uncinula necator*) versprach. Mit den bewurzelten amerikanischen Reben wurde jedoch auch die Reblaus in die europäischen Weinbaugebiete gebracht. Dort breitete sie sich rasant aus.

Wissenswertes: Die Reblaus ist aufgrund ihrer Lebensweise, ihrer hohen Nachkommenzahl und ihrer aktiven Ausbreitung ein gefährlicher Pflanzenschädling. So waren bereits 20 Jahre nach ihrer Einschleppung ca. 20% der Weinanbaufläche in Frankreich von ihr vernichtet worden. Auch in Deutschland kam es zu großen Verlusten. Eine Bekämpfung mit herkömmlichen chemischen Insektiziden zeigte bei der Reblaus nur ungenügende Erfolge. Der einzig einigermaßen wirksame Schutz besteht in der Aufpfropfung der europäischen Reben auf resistente nordamerikanische Reben. Diese Methode wird bereits seit Ende des 19. Jahrhunderts angewandt (»Europäerreis auf Amerikanerwurzel«). Ohne sie wäre wohl die gesamte Weinanbaufläche in Europa

bereits von der Reblaus vernichtet worden.

In den letzten Jahren tritt die Reblaus in Deutschland und der Schweiz wieder häufiger auf. Ursache hierfür scheinen die Verwendung nicht genügend resistenter Unterlagen sowie eine mögliche Anpassung der Reblaus an das Blattwerk der europäischen Rebe zu sein.

Gelbfüßige Bodentermite
Reticulitermes flavipes

Familie Rhinotermitidae, Nasentermiten. **Merkmale:** Diese staatenbildenden Insekten treten in verschiedenen Kasten und Stadien auf, die sich zum Teil im Aussehen stark unterscheiden. Es können folgende Formen unterschieden werden: Ei, Larve, Arbeiterin, Soldat (große Köpfe), geflügelte und ungeflügelte Ge-

Termiten sind gefürchtete Holzzerstörer. Das Foto zeigt die verwandte Art *Reticulitermes lucifugus*, die im Mittelmeergebiet verbreitet ist.

schlechtstiere, Ersatzgeschlechtstiere. Die Arbeiterinnen sind ca. 5 mm groß. Der Kopf ist gelbbraun gefärbt, während Brustabschnitt, Hinterleib und Beine weiß gefärbt sind.

Biologie: Die Gelbfüßige Bodentermite baut im Gegensatz zu den meisten anderen Termitenarten keine fest umrissenen Nester. Sie lebt im Erdboden oder in Holz, das mit der Erde in Kontakt steht. Die Arbeiterinnen dieser staatenbildenden Insekten fressen Holz aus, wobei sie zerfallendes Holz bevorzugen. Sie bauen so genannte Galerien, überdeckte, tunnelartige Laufgänge aus Erde, Holzteilen und Kotpartikeln auf der Holzoberfläche oder dem Boden, durch die ein Befall oftmals erst erkannt wird.

Ursprüngliche Verbreitung: Die Heimat der Gelbfüßigen Bodentermite ist Nordamerika.

Heutige Verbreitung: Die Gelbfüßige Bodentermite ist erstmals im 19. Jahrhundert nach Wien mitgebracht worden und ist 1837 nach Exemplaren aus den Gewächshäusern in Schönbrunn beschrieben worden, bevor sie aus Nordamerika überhaupt bekannt war. Sie wurde immer wieder mit Holztransporten aus Nordamerika in die Küstengebiete Europas eingeschleppt. In Hamburg wurde sie erstmals 1934 entdeckt. Dort war sie jahrelang angesiedelt und durch Zerfressen von Balken in Gebäuden schädlich. Weitere Fundorte waren Mannheim und Hallein (Österreich).

Wissenswertes: Aufgrund ihrer Fraßtätigkeit können die Gelbfüßigen Bodentermiten in Häusern erhebliche Schäden anrichten. Wegen ihrer im Vergleich zu anderen Termitenarten hohen Kälteresistenz muss die Ausbreitung der Gelbfüßigen Bodentermite verhindert werden. Eine Bekämpfung der versteckt lebenden Termiten gestaltet sich in der Regel nicht einfach. Sie sollte von den zuständigen Fachbehörden organisiert werden und kann durch Begasung, Hitze oder Kältebehandlung sowie durch Insektizideinsatz erfolgen.

Ähnliche Arten: Die zur Familie der Gelbhalstermiten gehörende Westindische Trockenholztermite (*Cryptotermes brevis*) ist auf den Westindischen Inseln beheimatet. Diese Art hat sich in Material aus Mexiko in einem Berliner Museum und in Möbelteilen in einer Berliner Wohnung über mehrere Jahre gehalten und machte erst durch so genannte Schwarmflüge auf sich aufmerksam. Mit Handelsschiffen gelangte die Westindische Trockenholztermite mehrfach nach Hamburg, wo ebenfalls Schwarmflüge beobachtet werden konnten. Ein Überleben und eine Ausbreitung dieser Art erscheint unter den mitteleuropäischen Klimabedingungen jedoch nicht wahrscheinlich.

Feuerlibelle
Crocothemis erythraea

Familie Segellibellen, Libellulidae.
Merkmale: Körperlänge (Fluginsekt) 40–45 mm, Körper des Männchens leuchtend rot, der des Weibchens gelbbraun, mit abstehendem Lege-

Die Feuerlibelle ist seit mehr als 20 Jahren am Oberrhein heimisch.

bohrer. Hinterleib bei beiden Geschlechtern breit; Vorderflügel mit kleinem, Hinterflügel mit großem gelbem Basisfleck. Kopf der Larve hinter den Augen stark verschmälert, Hinterleib der Larve ohne Rückendornen und mit nur kurzen Seitendornen am 8. und 9. Segment.

Biologie: Flugzeit in Mitteleuropa von Ende Juni bis Mitte August, im Mittelmeergebiet zwischen Mai und Oktober. Entwicklungsdauer meist 1 Jahr, im Mittelmeergebiet wahrscheinlich immer 2 Generationen pro Jahr. Larven wie Imago (letztes, flug- und fortpflanzungsfähiges Stadium) sind Räuber. Die wasserlebenden Larven fressen Insekten und deren Larven, Würmer und Kleinkrebse; die Imagines ernähren sich von fliegenden Insekten.

Ursprüngliche Verbreitung: Typische Art des Mittelmeergebiets und dort weit verbreitet. *Crocothemis erythraea* ist eine ausgesprochene Wanderlibelle, sie fliegt in warmen Sommern häufig nach Mitteleuropa ein.

Heutige Verbreitung: Typische Lebensräume der Art in Mitteleuropa sind Altwasser und Sandgrubengewässer in warmen Gebieten. Seit über 20 Jahren wird die Feuerlibelle in der Oberrheinischen Tiefebene in ununterbrochener Folge beobachtet. Sie ist daher als heimisch gewordene Art, das heißt als Neozoon, zumindest aber als Vermehrungsgast einzustufen.

Wissenswertes: Bei vielen Insektenordnungen gibt es solche Wanderarten, besonders bei Schmetterlingen (z. B. Postillon, Admiral, Distelfalter, Totenkopf oder Windenschwärmer). Diese Arten sind wohl durchweg bei uns nur Vermehrungsgäste, aber keine echten Neozoen!

Ähnliche Arten: Manche Arten der Gattung der Heidelibellen (*Sympetrum*), insbesondere die Große Heidelibelle (*Sympetrum striolatum*), sind der Feuerlibelle sehr ähnlich, gehören aber seit langer Zeit zu unserer heimischen Libellenfauna.

Tigerflohkrebs

Gammarus tigrinus

Ordnung Flohkrebse, Amphipoda.
Merkmale: Körperlänge (ohne Fortsätze) etwa 15–20 mm, Weibchen kleiner. Färbung bräunlichgelb, aber häufig durch dunkle Streifen getigert oder gefleckt (daher auch der Name Gefleckter Flussflohkrebs). Rückensegmente ungekielt. Hinterer Körperabschnitt ohne auffällige Borstenbüschel. Erste Antenne mindestens so lang wie die zweite. Augen groß, nierenförmig. Innenast des 3. Uropoden (drittes der letzten 3 Beinpaare am Hinterleib) lang.
Biologie: Diese Art ist sehr salztolerant und ausserdem sehr wanderfreudig, d. h. aktiv beweglich. Sie kommt in stehenden und fließenden Gewässern vor und ist ein Allesfresser (Nahrung: kleine Tiere, Algen und andere Pflanzen, Detritus). Bei der üblicherweise hohen bis massenhaften Bestandsdichte ist *Gammarus tigrinus* ein wichtiger Bestandteil der Fischnahrung.

Der Tigerflohkrebs (die Zeichnung ist nicht immer deutlich ausgeprägt) kam im Ballastwasser von Schiffen nach Europa.

Ursprüngliche Verbreitung: Der Gefleckte Flussflohkrebs stammt aus den von Gezeiten beeinflussten Flussmündungen der nordamerikanischen Ostküste.

Heutige Verbreitung: Die Art kam im Ballastwasser von Schiffen über den Atlantik nach Europa. Der Erstnachweis hier stammt aus England (1931). 1957 wurden tausend Exemplare bei Freudenthal in die Werra ausgesetzt, um die durch die Versalzung dieses Gewässers verarmte Fauna wieder zu verbessern. Schon 2 Jahre später war in die Werra eine stattliche Population nachzuweisen; 1961 hatte die Art schon Bremen erreicht, sich an der Nordseeküste zwischen Weser und Ems etabliert und sich über den Mittelland-Kanal und den Dortmund-Ems-Kanal ausgebreitet. Dabei spielten sowohl aktive Wanderungen wie auch passive Verschleppung im Ballastwasser von Schiffen eine Rolle. Heute ist *Gammarus tigrinus* in fast allen größeren Flusssystemen Mitteleuropas zu finden und wird sicher auch noch die obere Elbe und die Saale besiedeln. Ein Übergang in das Donau-System ist über den Main-Donau-Kanal zu erwarten. Zur Zeit scheint sich die Art in einer »überschießenden« Vermehrungsphase zu befinden, die wahrscheinlich allmählich abnehmen wird. Im Rhein z. B. kommt sie massenhaft vor. In der Saar hat der Gefleckte Flussflohkrebs seit 1991 die zuvor vorhandenen Arten *Gammarus pulex* und *Gammarus roeseli* zumindest vorläufig verdrängt.

Ähnliche Arten: Weitere etablierte Neozoa unter den Flohkrebsen (Amphipoda) sind (ursprüngliche Heimat in Klammern): der Schlickkrebs, *Corophium curvispinum* (aus russischen Flüssen, die ins Schwarze Meer münden), der Süßwasser-Strandfloh, *Orchestia cavimana* (aus Gebieten um das östliche Mittelmeer und das Schwarze Meer), *Chaetogammarus ischnus, Dikerogammarus haemobaphus* und *D. villosus* (alle 3 Arten aus dem Gebiet um das Schwarze und das Kaspische Meer) sowie *Echinogammarus berilloni* (aus dem Gebiet um das Mittelmeer).

Süßwassergarnele
Atyaephyra desmaresti

Familie Süßwassergarnelen, Atyidae. **Merkmale:** Diese Art ist unverwechselbar – sie ist die einzige Garnele im Süßwasser Mitteleuropas und erreicht eine Körperlänge von maximal 30 mm. Ihre zweite Antenne ist länger als der Körper. Der Carapax (eine feste Hautfalte, die am Kopfhinterende entspringt und Kopf und Bruststück oben und seitlich umgibt) trägt vorne oben einen Vorsprung (Rostrum), der oben etwa 20 kleine, unten 5–8 größere Zähne trägt. Von den 5 Paar Laufbeinen des Bruststücks sind die vorderen beiden deutlich kürzer als die 3 hinteren. Der Hinterleib ist zwischen dem 3. und 4. Segment nach unten geknickt. Die 5 Beinpaare des Hinterleibs sind als

Die Süßwassergarnele wird wegen ihrer versteckten Lebensweise leicht übersehen.

Schwimmbeine ausgebildet und dienen beim Weibchen zum Tragen der Eier.

Biologie: Die Süßwassergarnele lebt meist versteckt zwischen Steinschüttungen und Pflanzen im Uferbereich von Flüssen, Kanälen und Seen. Wegen ihrer versteckten Lebensweise wird diese Art sehr leicht übersehen. Als Nahrung dienen Grünalgen, Kieselalgen und gelegentlich Kleinkrebse.

Ursprüngliche Verbreitung: Die wärmeliebende *Atyaephyra desmaresti* stammt aus dem Mittelmeergebiet.

Heutige Verbreitung: Vom Mittelmeergebiet wanderte sie, begünstigt durch die Kanalverbindung zwischen Rhone und Rhein aktiv und passiv im Ballastwasser von Schiffen nach Mitteleuropa ein und besiedelt seit dem Beginn des 20. Jahrhunderts bis heute weite Teile Deutschlands, der Benelux-Staaten und Frankreichs. Im Elbe-System, in einigen Teilen Ostdeutschlands und im Donau-Gebiet scheint sie noch zu fehlen. Ihr Vordringen auch in diese Gebiete ist jedoch zu erwarten.

Wissenswertes: Durch die versteckte Lebensweise in den Steinschüttungen am Rand ihrer Wohngewässer ist diese Art normalerweise recht schwierig zu finden. Bei Elektrobefischungen kann man aber selbst an Stellen, wo man vorher keine *Atyaephyra* gefunden hatte, diese Tiere massenhaft aus dem Wasser springen sehen.

Amerikanischer Flusskrebs
Orconectes limosus

Familie Flusskrebse, Astacidae.
Merkmale: *Orconectes limosus* (früher auch unter dem Namen *Cambarus affinis* bzw. Kamberkrebs bekannt) hat eine Körperlänge bis 10 cm und ist charakterisiert durch je 1 oder 2 braunrote Querbänder auf der Oberseite der Hinterleibssegmente, durch seitliche Dornen am Carapax und durch gelbe Spit-zen der Scherenfinger am 1. Laufbeinpaar.

Biologie: Die Art besiedelt Kanäle, Seen und langsam fließende Flüsse. Sie stellt nur geringe Ansprüche an die Wasserqualität. Paarungszeit ist von September bis Oktober; Eiablage erst im nächsten Frühjahr; die Eier werden mit Kitt an die Hinterleibsbeine (Pleopoden) geklebt; die Larven schlüpfen 5–6 Wochen später, im Juni. Jungtiere bevorzugen mehr pflanzliche Nahrung, ältere ernähren sich räuberisch von Würmern, Insekten, Schnecken, Muscheln, aber auch von kleinen Fischen und Kaulquappen.

Ursprüngliche Verbreitung: Nordamerika.

Der Amerikanische Flusskrebs hat die einheimischen Flusskrebse weitgehend verdrängt.

Heutige Verbreitung: Die Art wurde im Jahr 1890 in 100 Exemplaren aus dem Osten der USA, wo sie sehr häufig war, durch einen Fischzüchter in einem Teich in der Neumark (jetzt Polen) ausgesetzt. Der Fischzüchter hielt *Orconectes limosus* für immun gegen die *Aphanomyzes*-»Pest« (Krebs-»Pest«) und wollte die durch diese Erkrankung dezimierten Bestände der mitteleuropäischen Flusskrebse wieder auffüllen. Die Aussetzung von *Orconectes limosus* bewirkte allerdings das Gegenteil: Die ausgesetzte Art war selbst Überträger und Ausscheider des Pilzes – allerdings ohne daran zu erkranken. Weitere Aussetzungen erfolgten in der Folgezeit in Frankreich und an anderen Orten.

Heutige Verbreitung: Heute besiedelt *Orconectes limosus* alle großen Flusssysteme in Mitteleuropa und ist überall häufig.

Wissenswertes: Alle unten genannten Krebsarten können vom Menschen verzehrt werden. Nicht zuletzt aus diesem Grund wurden sie absichtlich und geplant bei uns eingeführt. Weil sie gegen die Krebs-»Pest« immun sind, diese aber beherbergen und übertragen können, haben sie unseren heimischen Flusskrebs (*Astacus astacus*) und den Steinkrebs (*Austropotamobius torrentium*) weitgehend verdrängt. Die Frage, ob diese Arten auch ohne das Einsetzen der Neozoen in ihren Beständen derart reduziert worden wären, ist aber noch nicht eindeutig beantwortet.

Ähnliche Arten: Ein weiterer Neozoe unter den Flusskrebsen ist der Signalkrebs (*Pacifastacus leniusculus*); er stammt ebenfalls aus Nordamerika. Für ihn gilt dasselbe wie für *Orconectes limosus*. Die Art wurde wiederholt ausgesetzt und ist stellenweise in Mitteleuropa verbreitet.

Der Galizische Krebs oder Sumpfkrebs (*Astacus leptodactylus*) stammt ursprünglich aus den Gewässern im Einzugsgebiet des Kaspischen und des Schwarzen Meeres sowie aus der Türkei. Er wurde wiederholt in Mitteleuropa eingeführt und ist heute weit verbreitet, weil er wie *Orconectes limosus* höhere Wassertemperaturen und niedrigere Sauerstoffgehalte erträgt als unsere heimischen Arten.

Wollhandkrabbe
Eriocheir sinensis

Familie Springkrabben, Grapsidae.
Merkmale: Die Wollhandkrabbe trägt ihren Namen aufgrund des wolligen dichten Haarbesatzes an der Klauenhand des Männchens. Ihr Rückenschild ist 6–7 cm lang und 9 cm breit. Charakteristisch sind ferner die Stirn mit 3 Kerben und der Seitenrand mit 4 kräftigen Zähnen.
Biologie: Die Wollhandkrabbe lebt in größeren Flüssen und Kanälen. Sie ernährt sich von Jungfischen, Würmern, Schnecken, Muscheln und Insektenlarven, aber auch von Wasserpflanzen. Jedes Jahr ab Juli wandern die über 5 Jahre alten Wollhandkrabben zum Meer. Dort bilden die Männchen am Unterlauf der

Der Haarbesatz der Scheren gab der Wollhandkrabbe ihren Namen.

Flüsse eine dichte riegelartige Sperre, die von den etwas später ankommenden Weibchen passiert werden muss. Dadurch wird gewährleistet, dass fast jedes Weibchen begattet wird. Die befruchteten Weibchen wandern dann weiter in die Priele des Wattenmeeres. Die Eier werden an den Schwimmbeinen des Weibchens angeklebt und bis zum Schlüpfen der Larven im folgenden Mai bis Juni umhergetragen. Nach der Pflege der Brut sterben die meisten Muttertiere. Die Jungen entwickeln sich in Küstennähe und wandern im Alter von fast 2 Jahren die Flüsse wieder aufwärts.
Ursprüngliche Verbreitung: Die ur-

sprüngliche Heimat der Wollhandkrabbe ist die chinesische Tiefebene am Gelben Meer.
Heutige Verbreitung: Von China aus wurde die Wollhandkrabbe Anfang des 20. Jahrhunderts vermutlich als Larve mit dem Ballastwasser von Handelsschiffen nach Europa eingeschleppt. 1912 wurde sie in verschiedenen Nordseehäfen nachgewiesen und eroberte rasch Deutschlands Flüsse und Kanäle. 1927 kam es zu einer Masseneinwanderung die Elbe stromaufwärts. 1931 wurde die Wollhandkrabbe auch im Rheindelta nachgewiesen. Durch den Nord-Ostsee-Kanal gelangte sie in die Ostsee, dort wurde sie erstma-

lig 1926 gefunden. Bereits 1928 hatte sie sich so stark vermehrt, dass es zu Klagen der Fischer über den Fischereischädling kam. So wurden 1931 unterhalb von Hamburg in der Elbe bereits 125 000 kg Wollhandkrabben in Reusen gefangen. 1935 war die Wollhandkrabbe bereits in ganz Norddeutschland anzutreffen. Heute ist sie in allen Flüssen, die in Nord und Ostsee münden, aber auch in Skandinavien, Holland und Belgien sowie in Teilen Frankreichs weit verbreitet. Bei einer Untersuchung im Jahre 1995 wurde sie in Deutschland in Rhein, Elbe, Ems und Hunte sowie dem Küstenkanal nachgewiesen. Vermutlich kommt sie jedoch auch in anderen Bundeswasserstraßen vor.

Wissenswertes: Als Nahrungskonkurrenten und Schädlinge können Wollhandkrabben, bedingt durch ihr Massenauftreten, die Erträge der Fischerei erheblich schmälern. Durch das Graben von Wohnhöhlen mit bis zu 80 cm tiefen Gängen verursachen sie auch Schäden an Uferböschungen sowie Deichen und Dämmen. Inzwischen denken Fachleute verstärkt über eine wirtschaftliche Nutzung der gebietsweise massenhaft auftretenden Wollhandkrabben als Nahrungs- und Futtermittel nach.

Wespenspinne

Argiope bruennichi

Familie Radnetzspinnen, Araneidae.
Merkmale: Der Vorderkörper (Prosoma) ist silbrig behaart, der Hinterkörper (Opisthosoma) ist schwarz und gelb gezeichnet. Dieser schönen und auffallenden Zeichnung verdankt die Spinne ihre deutschen Namen: Wespen- oder Zebraspinne. In Mitteleuropa werden die Weibchen bis 15 mm groß, in Südeuropa erreichen sie 20 mm Körperlänge. Die Männchen erreichen höchstens bescheidene 5 mm.

Biologie: Die Wespenspinne lebt in warmen und sonnigen Gebieten mit niedriger Vegetation. Feuchtigkeit spielt für sie keine Rolle. Nicht selten findet man sie auf Schuttplätzen und in Kiesgruben. Ab Ende Juli sind die Spinnen ausgewachsen. Die Paarung findet in der Netzmitte statt. Das viel kleinere Männchen wird üblicherweise bei der Paarung eingesponnen, getötet und dann aufgefressen. Nur selten gelingt dem Männchen – unter Verlust von einem oder mehreren Beinen – die Flucht. Etwa Ende August fertigt das begattete Weibchen einen oder mehrere Kokons für die Eier. Die Jungtiere schlüpfen im Herbst, verlassen aber den schützenden Kokon erst im nächsten Frühjahr. Nach weiteren 2–3 Monaten sind sie dann ausgewachsen.

Ursprüngliche Verbreitung: Heimat der Wespenspinne war ursprünglich Südeuropa einschließlich der Alpensüdseite. Noch vor etwa

60 Jahren lagen die einzigen bekannten deutschen Vorkommen in der Oberrheinischen Tiefebene und bei Berlin.

Heutige Verbreitung: Seit etwa 1940 hat die Wespenspinne ihr Verbreitungsgebiet ständig erweitert und ist mittlerweile in ganz Süddeutschland und in Norddeutschland bis zur Elbe heimisch. Allerdings tritt sie von Jahr zu Jahr in einer sehr unterschiedlichen Häufigkeit auf.

Wissenswertes: Das senkrecht stehende Radnetz der Wespenspinne wird meist unmittelbar über dem Boden angelegt, seine Nabe ist mit einem flächigen weißen Gespinst bedeckt. Unterhalb und meist auch oberhalb der Nabe verläuft ein weißes zickzackförmiges Gespinstband (das so genannte Stabiliment). Bei Beunruhigung setzt die Spinne ihr Netz in schnell schwingende Bewegung, sodass Spinnenzeichnung und Stabiliment als unscharfes Streifenmuster erscheinen und dadurch Fressfeinde, z. B. Vögel, irritiert werden. Dies ist nur eine mögliche Erklärung für den Sinn des Stabiliments; ganz sicher ist diese Erklärung nicht.

Ihre auffallende Zeichnung macht die Wespenspinne unverwechselbar. Die Funktion des Zickzackbandes (Stabiliment) im Netz ist noch nicht zweifelsfrei geklärt (vgl. Text).

Kiemenwurm

Branchiura sowerbyi

Familie Schlammröhrenwürmer, Tubificidae. **Merkmale:** *Branchiura sowerbyi* wird bis 18,5 cm lang, 1–2 mm breit und ist sehr leicht zu erkennen an den fiederförmig angeordneten Kiemenfäden, die auf der Oberseite und der Unterseite des Hinterleibs entspringen und wellenförmig bewegt werden.

Biologie: Die Art ist wärmetolerant und findet sich meist am Gewässerrand im Schlammboden stehender oder langsam fließender Gewässer, wobei nur das Vorderende im Schlamm steckt, während sich das kiementragende Hinterende im freien Wasser wellenförmig bewegt. Die Häufigkeit dieser Art ist meist gering; nur im warmen Kühlwasserablauf von Kraftwerken kann ihre Dichte sehr groß sein. Wahrscheinlich wegen des Besitzes der vielen Kiemenfäden erträgt der Kiemenwurm auch recht sauerstoffarmes Wasser. Er ernährt sich vom nährstoffreichen Schlamm (Detritus) seiner Wohngewässer.

Ursprüngliche Verbreitung: Der Kiemenwurm stammt aus Südostasien. Dort ist er in Indien, China, Japan und Java verbreitet.

Heutige Verbreitung: Die Verschleppung dieser Art erfolgte entweder im Ballastwasser von Schiffen oder (was wahrscheinlicher ist) beim Import von tropischen Pflanzen. Die ersten Funde in Europa stammen nämlich aus Warmwasserbecken: London (1891), Hamburg (1908), Dublin (1909), Göttingen und Frankfurt/M. (1913), Kiew und Oxford (1924), Münster (1934) und Moskau (1937). Erst später stellte man die Art auch im Freiland Westeuropas fest (große Teile Frankreichs und Belgiens). Der erste Freilandfund in Deutschland erfolgte 1961 in austrocknenden Altwassern des Rheins südlich von Mannheim. Heute ist *Branchiura sowerbyi* mit Sicherheit im gesamten Rheinsystem, wahrscheinlich jedoch in fast ganz Deutschland verbreitet.

Wissenswertes: *Branchiura sowerbyi* ist außergewöhnlich temperaturtolerant und hat sich an die niedrigen Temperaturen ihrer heuti-

Der Kiemenwurm ist außergewöhnlich temperaturresistent.

gen Wohngewässer, die im Winter zum Teil eisbedeckt sind, gut angepasst.

Ähnliche Arten: Den gleichen Lebensraum wie der Kiemenwurm bewohnen auch die nahe verwandten Arten der Gattungen *Tubifex* und *Limnodrilus*. Diese Arten besitzen jedoch keine Kiemen am Hinterende.

Dreikant-
oder Wandermuschel
Dreissena polymorpha

Familie Dreiecksmuscheln, Dreissenidae. **Merkmale:** Diese Art ist leicht an ihrer (in Seitenansicht) dreieckigen Schalenform zu erkennen. Die Schalenfärbung ist gelblich, mit braunen, oft gezackten, konzentrischen Linien. Der Wirbel liegt an der spitzen vorderen Ecke der recht derben und dickwandigen Schalen, die jeweils 26–40 mm lang und 13–18 mm hoch sind. Am Fuß befindet sich die so genannte Byssusdrüse, die ein Faserbündel, den Byssus erzeugt. Damit kann sich die Art am festen Boden, an Steinen, an Holzpfählen oder den Schalen anderer Muscheln anheften.

Biologie: *Dreissena polymorpha* ist getrenntgeschlechtlich, die Geschlechter sind jedoch äußerlich nicht unterscheidbar. Aus den Eiern, die im Sommer abgegeben werden, entwickeln sich frei schwimmende Larven (Veliger), die sich nach etwa 8 Tagen festsetzen und mit den Byssusfäden festspinnen. Als intensive Strudler, der Filtrierstrom wird

durch feine Härchen, so genannte Zilien, auf den Kiemen erzeugt, können sie sehr gut als Monitororganismen verwendet werden, weil sie in ihrem Weichkörper Giftstoffe wie z. B. Pestizide oder Schwermetalle anreichern und diese dadurch leichter nachweisbar sind.

Nachteilig wirkt es sich manchmal aus, dass *Dreissena* bei Massenbefall Wasser- oder Abwasserleitungen verstopft. Auch die Leitungen der Bodenseewasserversorgung waren schon durch *Dreissena* beeinträchtigt. Darüber hinaus finden sich im Konstanzer Trichter des Bodensees regelrechte Muschelbänke der Wandermuschel. Es lässt sich aber meist feststellen, dass sich nach einer solchen Bevölkerungsexplosion die Populationen wieder verkleinern. Nicht zu unterschätzen ist allerdings auch die Rolle der Dreikantmuschel als Nahrung für Enten und andere Wasservogelarten.

Ursprüngliche Verbreitung: *Dreissena polymorpha* stammt aus Gewässern, die ins Kaspische und ins Schwarze Meer fließen oder mit ihnen Verbindung haben.

Heutige Verbreitung: Die Verschleppung in das heutige Verbreitungsgebiet (praktisch ganz Mitteleuropa, mit Schwerpunkt im Norden) erfolgte recht zügig: Wolga (1771), ungarische Donau (1790), Hamburg (1830), Donau bei Regensburg (1886), alte Donau bei Wien (1870), Massenvorkommen im Chiemsee (1962), Bodensee (1964), Zürichsee (1968) und Neusiedlersee (1971). Diese Jahreszahlen legen den Verdacht nahe,

Dreikantmuscheln werden in der Gewässerüberwachung als Monitororganismen eingesetzt.

dass die Wandermuschel auf verschiedenen Wegen ihr heutiges Verbreitungsgebiet besiedelt hat.

Wissenswertes: Der Transport auf diesen Wanderwegen wurde sicherlich auch durch drei charakteristische Merkmale dieser Art erleichtert: Sie kann einmal als frei schwimmende Larve im Ballastwasser von Schiffen transportiert werden oder zweitens mittels der Byssusfäden sich an die Bordwand festheften. Dazu kommt als dritter Punkt, dass *Dreissena polymorpha* wie fast alle Muscheln eine große Eizahl hat und damit viele Nachkommen produziert.

Ähnliche Art: Die Brackwasser-Dreikantmuschel *(Congeria leucophaeata),* die oft auch *Mytilopsis cochlea-*ta genannt wird, ist eine nahe Verwandte von *Dreissena.* Sie stammt aus den Brackwassergebieten Nordamerikas (nach anderen Angaben aus Westafrika) und hat Belgien und die Niederlande im Ballastwasser oder an die Bordwand von Schiffen festgeheftet erreicht. Die sehr salzwassertolerante Art (sie erträgt bis 0,51% Salzgehalt) findet sich heute in der immer noch recht salzbelasteten Weser, im Rhein unterhalb Duisburg und im Nord-Ostsee-Kanal. Aufgrund der sehr begrenzten Verbreitung in Europa ist mit einer nicht allzu lange zurückliegenden Einwanderung zu rechnen; ihr Verbreitungsgebiet dürfte sich wohl kaum viel weiter ausdehnen.

Grobgestreifte Körbchenmuschel

Corbicula fluminea

Familie Körbchenmuscheln, Corbiculidae. **Merkmale:** Die Schalen von *Corbicula fluminea* sind sehr dickwandig und auch dickbauchig, die Breite der beiden Schalenklappen ist von oben betrachtet, deutlich mehr als halb so groß wie die Schalenlänge. Die Schalenform ist in Seitenansicht etwa dreieckig mit stark gewölbtem unterem Schalenrand. *C. fluminea* wird 20–28 mm lang, 20–26 mm hoch und 14–21 mm breit. Die Schalenaussenseite ist gelblich bis dunkelbraun, die Innenseite weiß bis blass bläulich. Parallel zu den Zuwachsstreifen verlaufen auf der Schalenaußenseite kräftige konzentrische Leisten, etwa 8–12 pro Zentimeter.
Biologie: Diese Art betreibt Brutpflege: Die Eizellen entwickeln sich im Raum zwischen den Kiemenlamellen zu beschalten Jungtieren, die entlassen werden und sofort zur üblichen bodenbewohnenden Lebensweise übergehen. *Corbicula fluminea* bewohnt in oft sehr hoher Besiedlungsdichte schnell fließende Gewässer mit grobkiesigem Boden; sie wächst schnell, ihre Lebensdauer soll etwa 6 Jahre betragen. Diese Art ist ziemlich tolerant gegenüber dem Salzgehalt des Wassers.
Ursprüngliche Verbreitung: Über die ursprüngliche Heimat der Grobgestreiften Körbchenmuschel streiten sich die Gelehrten. Die einen meinen, sie sei durch chinesische Einwanderer von Asien nach Nordamerika gebracht worden und hätte sich von dort über den amerikanischen Kontinent nach Südamerika und über den Atlantik bis nach Europa verbreitet. Andere wiederum halten ebenfalls Asien für die Urheimat von *C. fluminea*, vermuten aber eine direkte Einwanderung nach Mitteleuropa ohne den Umweg über Amerika.
Heutige Verbreitung: Es scheint festzustehen, dass *C. fluminea* etwa seit 1980 oder 1985 aus Südwesteuropa (Spanien, Portugal) über die europäischen Flusssysteme immer

Schalen der Grobgestreiften Körbchenmuschel werden bei Massenvorkommen in großen Mengen angespült.

weiter nach Norden und Osten vordringt. Heute besiedelt diese Art den Oberrhein, den Mittelrhein und den Niederrhein, sowie die Unterläufe von Neckar und Main. An der Verschleppung ist wahrscheinlich das Ballastwasser der Schiffe maßgeblich beteiligt; bei der Verbreitung flussabwärts hat sicher auch die Strömung eine wichtige Rolle gespielt. Die Grobgestreifte Körbchenmuschel breitet sich sehr schnell über alle geeigneten Fließgewässer aus und wird nach allgemeiner Ansicht in wenigen Jahren ganz Mitteleuropa besiedelt haben. Schon jetzt wird *C. fluminea* im Mittellandkanal bis zur Elbe angetroffen

Wissenswertes: Die Körbchenmuscheln machen zusammen mit der ebenfalls eingewanderten Dreikantmuschel in vielen Gewässern einen sehr hohen Anteil an der bodenbewohnenden tierischen Biomasse aus. Es wird sich zeigen, ob wie bei den meisten Einwanderern die Populationsgröße nach anfänglich starkem Ansteigen im Lauf der Zeit wieder abnimmt.

Ähnliche Art: Die Grobgestreifte Körbchenmuschel kommt in unserem Gebiet fast immer gemeinsam mit der Feingestreiften Körbchenmuschel (*C.* »*fluminalis*«) vor, das heißt, beide haben wohl nahezu identische Umweltansprüche. Die Zahl der konzentrischen Leisten liegt bei dieser Art jedoch zwischen 13 und 23 pro Zentimeter. Ein weiteres Problem stellt der wissenschaftliche Name der feingestreiften Art dar: gewöhnlich nennt man sie

Corbicula »*fluminalis*«, weil eine Art gleichen Namens, die heute noch im Euphrat-Gebiet lebt, während der letzten Zwischeneiszeit auch in Mitteleuropa verbreitet war. Wenn unsere Art mit der genannten nicht identisch ist, müsste sie einen neuen Namen erhalten. Über die Herkunft der feingestreiften Art ist man sich außerdem sehr im Unklaren: Die beste in der Literatur auffindbare Herkunftsangabe ist »unbekannt (afrikanisch, subtropisch?)«.

Neuseeländische Zwergdeckelschnecke
Potamopyrgus antipodarum

Familie Schnauzenschnecken, Hydrobiidae. **Merkmale:** Diese Art, die früher auch als *Potamopyrgus jenkinsi* bekannt war, zeigt eine auffallende Formeigenschaft: Die Umgänge der Schalenwindungen sind gerundet oder leicht gekielt. Dieser Unterschied ist möglicherweise durch den Salzgehalt des Wohngewässers bedingt: Im Süßwasser sind die Umgänge meist gerundet, im Brackwasser dagegen üblicherweise gekielt (Forma *P. a. carinata*). Das Gehäuse ist 4–6 mm hoch und 2–3 mm breit; die meist 5 1/2 Umgänge sind durch eine deutliche Naht voneinander getrennt. Der Nabel ist geschlossen, die Mündung spitz-eiförmig. Die rechtsgewundene Schale (von der Spitze gesehen im Uhrzeigersinn gewunden) ist gelblich- bis rötlichbraun und ziemlich dickwandig.

Seit über 100 Jahren bei uns heimisch: die Neuseeländische Zwergdeckelschnecke, hier in der ungekielten Form.

Biologie: Die Art bevorzugt mäßig bewegtes Brack- oder Süßwasser. Sie lebt in Flüssen, Altwassern und Seen und ernährt sich von Aufwuchsalgen und Detritus (abgestorbenes und in Zersetzung befindliches bakterielles, pflanzliches oder tierisches Material).

Ursprüngliche Verbreitung: *Potamopyrgus antipodarum* stammt aus Neuseeland.

Heutige Verbreitung: Die Art wurde wahrscheinlich mit Aquarienmaterial über Nordamerika in Europa eingeschleppt und ist seit 1899 bei uns heimisch. Heute besiedelt sie schon große Teile Europas und ist weiterhin in Ausbreitung begriffen.

Wissenswertes: Lange Zeit fanden sich in Mitteleuropa nur Weibchen dieser lebend gebärenden, zweigeschlechtlichen Art. Man vermutete daher eingeschlechtliche (parthenogenetische) Vermehrung, bis man vor einigen Jahren auch männliche Tiere bei uns fand.

Gefleckter Strudelwurm
Dugesia tigrina

Klasse Strudelwürmer, Turbellaria.

Merkmale: Charakteristisch ist der spitzwinklige, dreieckige Kopf mit den beiden nahe beieinander stehenden Augenflecken. Die Körperlänge beträgt maximal 18 mm, aber meist deutlich weniger. Die Oberseite ist braun bzw. grau gefleckt oder gestreift; Unterseite heller.

Biologie: Die Art besiedelt in Mitteleuropa stehende und langsam fließende Gewässer, kommt aber nicht im Bachoberlauf vor. Sie ist wenig empfindlich gegen Wasserverschmutzung und Temperaturschwankungen und vermehrt sich bei uns offenbar nur ungeschlechtlich durch Teilung. Wie bei allen Planarien wird tierische Nahrung (Insektenlarven, Wassermilben und Kleinkrebse) aufgenommen.

Ursprüngliche Verbreitung: *Dugesia tigrina* stammt aus Nordamerika.

Heutige Verbreitung: Außer auf dem Balkan und in Skandinavien hat der Gefleckte Strudelwurm alle europäischen Gewässer- und Flusssysteme mit starker Ausbreitungstendenz besiedelt. Die Art wurde wahrscheinlich mit Aquarienfischen und/oder -pflanzen zu Beginn des 20. Jahrhunderts nach Europa verschleppt. Sie ist in Mitteleuropa praktisch überall zu finden, ist aber nirgends häufig.

Wissenswertes: In ihrer Heimat Nordamerika vermehrt sich die Art auch geschlechtlich.

Ähnliche Art: Die in der Körperform sehr ähnliche Winkelkopfplanarie *(Dugesia gonocephala)* ist deutlich größer (oft bis 25 mm lang) als *Dugesia tigrina*, sehr dunkel, meist schwarz gefärbt, weder gefleckt noch gestreift und besiedelt ausschließlich Bachober- und -mittelläufe.

Süßwassermeduse

Craspedacusta sowerbii

Unterstamm Nesseltiere, Cnidaria.

Merkmale: Die Süßwassermeduse ist in unseren Gewässern nicht zu übersehen – sie ist die einzige Me-

Der Gefleckte Strudelwurm stammt aus Nordamerika.

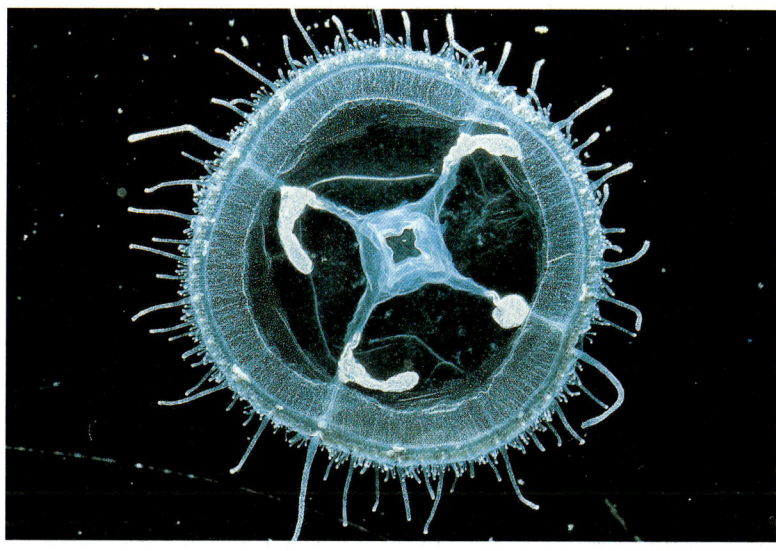

Die Süßwassermeduse hat einen Wassergehalt von über 99 %.

duse im Süßwasser. Ihr Körper ist eine flache Scheibe von bis zu 20 mm Durchmesser. Am Schirmrand des ausgewachsenen Tieres sitzen bis über 600 fadenförmige Tentakel. Das Mundrohr ist zu 4 kurzen Zipfeln ausgezogen. An den 4 strahlenförmig vom Zentralmagen auseinander laufenden Radiärkanälen findet sich bei geschlechtsreifen Tieren je ein klumpiges Geschlechtsorgan.

Biologie: *Craspedacusta sowerbii* hat, wie die meisten Medusen, zwei unterschiedliche Generationen: neben der sich geschlechtlich fortpflanzenden Meduse eine sich ungeschlechtlich durch Knospung fortpflanzende Polypengeneration. Der Polyp von *Craspedacusta sowerbii* ist mit einer Körperlänge von nur

0,5–2 mm recht winzig und hat keine Tentakel. An ihrer Stelle sitzt ein leicht verdicktes Köpfchen, das dicht mit Nesselzellen besetzt ist. Wegen seiner geringen Größe und weil der untere Teil seines Körpers von einer schleimigen Hülle mit eingelagerten Fremdkörpern umgeben ist, wird der Polyp beim Suchen leicht übersehen.

Über die Ernährung von *Craspedacusta sowerbii* wissen wir wenig Sicheres. Offenbar nehmen die Medusen nach dem Erreichen der Geschlechtsreife keine Nahrung mehr auf. In einigen Fällen konnten junge Medusen mit kleinen Stückchen von *Tubifex* (Schlammröhrenwurm) gefüttert werden. Ausgewachsene Medusen schwimmen mit einigen Schirmkontraktionen nach oben, wenn sie Wasserbewegungen wahrnehmen, und lassen sich anschließend mit ausgestreckten Tentakeln wieder absinken.

Ursprüngliche Verbreitung: Es erscheint extrem unwahrscheinlich, dass die ausgezeichneten Limnologen früherer Zeit dieses auffällige und z. T. sehr häufige Tier bei uns in Europa übersehen hätten. Heute gilt es daher als sicher, dass die Urheimat von *Craspedacusta* (unsere Art und 3 weitere, allerdings etwas unsichere Arten dieser Gattung, die nur in Ostasien vorkommen) Ostasien ist. Die Bewohner des Yangze-Tals fangen die Medusen vor allem in einem Nebenfluss des Yangze und halten sie in einem Glasgefäß für einige Tage – zum Vergnügen!

Heutige Verbreitung: Sowohl Polyp als auch Meduse wurden zum Beginn der Ausbreitung um 1880 bevorzugt in den Warmwasserbecken botanischer Gärten gefunden und erst später im Freiland nachgewiesen (1907 im Yangze). In Mitteleuropa ist die Süßwassermeduse seit 1911 bekannt, in Nordamerika seit 1916. Der Polyp wurde 1884 in London in einem Warmwasserbecken gefunden, 1885 im Freiland Nordamerikas und 1920 im Freiland Europas. In Mitteleuropa ist die Süßwassermeduse heute in allen großen Flusssystemen und in vielen stehenden Gewässern (z. B. Baggerseen und gestaute Gewässer) verbreitet und in manchen Jahren sehr häufig. 1988 wurden für Deutschland, vorwiegend aus den Gebieten von Donau und Main, sowie aus Österreich über 100 neue Fundorte gemeldet. Für die weltweite Verschleppung dieser Art kommen sowohl die Polypen, die mit Wasserpflanzen für Aquarien transportiert werden können, in Frage als auch die besonders widerstandsfähigen Frusteln und Podocysten, die sich aus Polypen bilden, austrocknungsfähig sind und leicht mit Ballastwasser, mit tierischem und pflanzlichem Aquarienmaterial oder im Gefieder von Wasservögeln verschleppt werden können.

Wissenswertes: Zwei Fakten verdienen unser Interesse:

1. *Craspedacusta sowerbii* besitzt den höchsten nachgewiesenen Wassergehalt unter den mehrzelligen Tieren. Er beträgt fast unglaubliche 99,26%; der Rest sind organisches (0,67%) und anorganisches Material (0,07%).

2. Unsere Süßwassermedusen besitzen eine sehr komplizierte Entwicklung, die im Wesentlichen eine geschlechtlich sich fortpflanzende Medusengeneration und eine Polypengeneration, die ungeschlechtlich durch Knospung neue Medusen hervorbringt, umfasst. Es gibt nur wenige Plätze (falls das Geschlecht der Medusen überhaupt festgestellt wurde), wo männliche und weibliche Medusen zusammen vorkommen. In Mitteleuropa gibt es, soweit wir bisher wissen, nur weibliche Medusen, in Neuseeland z.B. nur männliche. Dieser Befund kann nur so erklärt werden, dass schon die Polypen geschlechtlich differenziert sind und dass alle Fundorte mit nur einem Medusengeschlecht auf die Verschleppung nur eines einzigen Polypen (oder mehrerer gleichgeschlechtlicher) zurückgehen. Dies bedeutet aber auch, dass die massenhaft auftretenden weiblichen Medusen, die Ende August bis Anfang September in vielen Jahren zu Hunderttausenden in den Baggerseen der Oberrheinischen Tiefebene auftreten, sich nicht fortpflanzen können, weil die männlichen Medusen fehlen.

Keulenpolyp
Cordylophora caspia

Unterstamm Nesseltiere, Cnidaria.
Merkmale: Ein bis 10 cm großer, zarter Polypenstock (Kolonie) mit keulig verdickten Polypenköpfchen und stark rückgebildeten Medusenknospen, die keine freiwerdenden Medusen bilden, sondern Larven (Planulae), die direkt zu Polypen heranwachsen.
Biologie: Die Kolonien sind auf Muschelschalen, Steinen oder Holzteilen festgewachsen. Nicht selten lebt auch der Flohkrebs *Corophium lacustre* auf dem *Cordylophora*-Geflecht. Beide Arten treten deshalb oft gemeinsam auf. Sehr wichtig ist die ausgeprägte Salztoleranz dieser Art, die ein Vorkommen im Brackwasser, aber auch im versalzten Süßwasser und sogar im reinen Süßwasser ermöglicht. *Cordylophora caspia* lebt räuberisch und ernährt sich von Kleinkrebsen, Wassermilben, Insektenlarven und Würmern.
Ursprüngliche Verbreitung: *Cordylophora caspia* stammt, wie der Art-

Der Keulenpolyp ist bei uns der einzige Polypenstock im Süßwasser.

name sagt, ursprünglich aus dem Gebiet des Kaspischen Meers.
Heutige Verbreitung: An der Verschleppung des Keulenpolypen waren wohl immer Schiffe beteiligt, an deren Bordwand oder in deren Ballastwasser die Art in ihre neuen Lebensräume gelangte. Der Keulenpolyp, der etwa seit dem Zweiten Weltkrieg in Mitteleuropa vorkommt, kann viele Gewässertypen besiedeln. Man findet ihn sowohl in stehenden wie auch in langsam fließenden Gewässern. Er ist heute in allen großen Flusssystemen Mitteleuropas zu finden – teilweise auch in hohen Dichten.
Wissenswertes: *Cordylophora caspia* ist bei uns der einzige Polypenstock im Süßwasser (alle anderen Arten besitzen Einzelpolypen).

Literatur

AKADEMIE FÜR NATUR- UND UMWELTSCHUTZ BADEN-WÜRTTEMBERG (Hrsg.) (1996): Neophyten, Neozoen – Gefahr für die heimische Natur? Stuttgart, 186 Seiten.

BÖCKER, R., H. GEBHARDT, W. KONOLD & S. SCHMIDT-FISCHER (Hrsg.) (1995): Gebietsfremde Pflanzenarten. Auswirkungen auf einheimische Arten, Lebensgemeinschaften und Biotope, Kontrollmöglichkeiten und Management. Ecomed Verlag, Landsberg, 215 Seiten.

GEBHARDT, H., R. KINZELBACH & S. SCHMIDT-FISCHER (Hrsg.) (1996): Gebietsfremde Tierarten. Auswirkungen auf einheimische Arten, Lebensgemeinschaften und Biotope –

Situationsanalyse. Ecomed Verlag, Landsberg, 215 Seiten.

KEGEL, B. (1999): Die Ameise als Tramp. Von biologischen Invasionen. Ammann Verlag, Zürich, 416 Seiten.

LAND OBERÖSTERREICH, OBERÖSTERREICHISCHES LANDESMUSEUM (Hrsg.) (1995): Einwanderer. Neue Tierarten erobern Österreich. Stapfia 37, zugleich Kataloge des Oberösterreichischen Landesmuseums Neue Folge 84. Linz, 412 Seiten.

NIETHAMMER, G. (1963): Die Einbürgerung von Säugetieren und Vögeln in Europa. Parey, Hamburg, Berlin, 319 Seiten.

Register

A
Aal 14, 28
Abies nordmanniana 24
Abiotische Faktoren 13
Ailanthus altissima 46
Aix galericulata 78
Aix sponsa 79
Akklimationsgesell-
    schaften 32
Alaska-Dickhornschaf 74
Alexandersittich
    s. Halsbandsittich
Alopochen aegyptiacus 76
Altai-Wildschaf 74
Amazona ochrocephala 84
Amerikanischer
    Flusskrebs 16, 109
Amerikanischer Nutz-
    holzborkenkäfer 24
Anguilla anguilla 14, 28
Anguillicola crassa 28
Archaeophyten 8
Archaeozoen 8
Argiope bruenchii 112
Arion lusitanicus 10
Arvicola terrestris 64
Asiatischer
    Ochsenfrosch 88

Astacus leptodactylus 110
Atyaephyra
    desmaresti 107
Aufwuchs 15
Ausbreitung, natürliche 13

B
Bachforelle 88
Bachsaibling 90
Ballastwassser 15
Bär 9
Bärenklau 47
Bekreuzter Trauben-
    wickler 95
Biber 63
Biotische Faktoren 13
Bisamratte 27, 61
Brackwasser-
    Dreikantmuschel 116
Branchiura sowerbyi 114
Brandgans 77
Branta bernicla 76
Branta canadensis 74
Branta leucopis 76
Brautente 79
Buddleja davidii 43

C
Calosoma sycophanta 30

Canis aureus 9
Carassius auratus 17
Castor fiber 64
Cervus mesopotamicus 71
Cervus nippon 16, 71
Chileflamingo 6, 8, 9
Chrysolophus pictus 82
Clathrus archeri 57
Congeria
    leucophaeata 116
Corbicula fluminalis 118
Corbicula fluminea 117
Cordylophora caspia 123
Corophium curvispi-
    num 107
Craspedacusta
    sowerbii 120
Crocothemis erythraea 104
Cryptotermes brevis 104
Ctenopharyngodon
    idella 17, 90
Cutthroat-Forelle 89
Cygnus atratus 9

D
Dactylosphaera
    vitifoliae 101
Dama dama 70

Damhirsch 16, 24, 32, 70
Dickhornschaf 74
Douglasie 16, 54
Dreikantmuschel 15, 26, 115
Dreissena polymorpha 115
Dreyfusia nordmannianae 23
Drüsiges Springkraut s. Indisches S.
Dugesia gonocephala 120
Dugesia tigrina 119

E
Echte Goldrute 40
Eichhörnchen 19
Einbindiger Traubenwickler 96
Einbürgerung 13
Einfuhr 13
Einschleppung 13
Eiszeit 31
Emis orbicularis 85
Encarsia formosa 26
Eriocheir sinensis 26, 110
Eupoecelia ambiguella 96
Europäische Sumpfschildkröte 85
Eutamias sibiricus 9

F
Fasan 22, 32, 80
Fasanerie 32
Faunenverfälschung 7
Feingestreifte Körbchenmuschel 118
Felsengebirgs-Dickhornschaf 74
Feuerlibelle 104
Flamingo 8
Forelle 88
Forellenbarsch 17, 93
Forstwirtschaft 23
Flusskrebse 110
Frankliniella occidentalis 26

G
Galizischer Krebs 110
Gambusia affinis 17
Gambusia holbrookii 17, 20
Gammarus tigrinus 17, 106
Garnele, Süßwasser 107
Gefleckter Strudelwurm 119
Gelbblütiger Bärenklau 49

Gelbfieber 36
Gelbfüßige Bodentermite 103
Gelbscheitelamazone 84
Gewächshaus 24
Gewöhnliche Gewächshaus-Weiße-Fliege 25
Gilletteella cooleyi 24
Ginkgo 55
Ginkgo biloba 55
Gnothotrichus materiarius 24
Gobio albipinnatus 14
Goldfasan 82
Goldfisch 17
Goldrute 15, 20, 39
Goldschakal 9, 10
Götterbaum 46
Graskarpfen 17, 29, 90
Grauhörnchen 19, 20
Graupapagei 84
Grobgestreifte Körbchenmuschel 117
Große Heidelibelle 106
Großer Alexandersittich 84
Großer Kornbohrer 29
Großer Puppenräuber 29
Grüner Sonnenbarsch 93

H
Halsbandsittich 82
Hausratte 60
Heidekrautgewächse 18
Heidelbeere 18
Heidelibellen 106
Helianthus annuus 42
Helianthus tuberosus 16, 41
Heracleum mantegazzianum 47
Herkulesstaude s. Riesen-Bärenklau
Hypophthalmichtys molitrix 91
Hypophthalmichtys nobilis 91

I
Ictalurus nebulosus 17
Impatiens glandulifera 50
Indisches Springkraut 20, 50
Industrielle Revolution 31

J
Jagdtrophäe 16, 73
Japanischer Staudenknöterich 20, 26, 52

K
Kalifornischer Blütenthrips 26
Kamberkrebs 109
Kanadagans 74
Kanadische Goldrute 6, 15, 20, 39
Känguru 7
Kaninchen 6, 7, 12
Kartoffelkäfer 14, 97
Kartoffelrose 16
Keulenpolyp 15, 123
Kiefernsittich 84
Kiemenwurm 114
Klimawandel 33
Knöterich 26, 52
Koboldkärpfling 17
Kolonialismus 31
Königsfasan 82
Körbchenmuschel 117, 118
Kornbohrer 30
Krebspest 29, 110
Kupferfasan 82

L
Landwirtschaftliche Kulturen 23
Lates nilotus 22
Lepomis auritus 93
Lepomis cyanellus 93
Lepomis gibbosus 17, 91
Leptinotarsa decemlineata 97
Liriomyza huidobrensis 26
Lobesia botrana 95
Lophura nycthemera 82
Luchs 9
Lupine 15
Lymantria dispar 30

M
Malaria 35
Mandarinente 78
Manguste 30
Marderhund 66
Marker-Gen 36
Marmorgrundel 14
Marmorkarpfen 91
Meerneunauge 14
Mephitis mephitis 9
Mesopotamischer Damhirsch 71
Micropterus dolomieu 17, 93
Micropterus salmoides 17, 93
Mink 20, 21

Mnemiopsis leydii 29
Mönchssittich 84
Mongolenfasan 82
Monitororganismen 115
Monomorium
    pharaonis 93
Moskitofisch 17, 20
Mufflon 16, 24, 71
Mustela vison 20, 21
Myocastor coypus 64
Myopsitta monachus 84
Mysis relicta 22
Myxomatose 7

N
Neophyten 6, 8
Neozoen 6, 8
Neuseeländische Zwerg-
    deckelschnecke 118
Nilbarsch 22
Nilgans 76
Nonnengans 76
Nordmannstanne 23
Nutria 18, 64
Nyctereutes procy-
    onoides 66

O
Ochsenfrosch 86
Ohrenbarsch 93
Oncorhynchus clarkii 89
Oncorhynchus mykiss 88
Ondatra zibethica 61
Orchestia cavimana 107
Orconectes limosus 16, 109
Orientfichte 24
Österreichischer
    Bärenklau 49
Ovis ammon ammon 74
Ovis ammon musimon
    30, 71
Ovis ammon ophion 74
Ovis ammon polii 74
Ovis canadensis
    canadensis 74
Ovis canadensis stonei 74

P
Pacifastacus leni-
    usculus 110
Pamir-Wildschaf 74
Papageien 82, 84
Pelzgewinnung 32
Pest 60
Petromyzon marinus 14
Pflaumenkopfsittich 84
Pharaoameise 26, 93
Phasianus colchicus 80

Phasianus colchicus
    colchicus 82
Phasianus colchicus mon-
    golicus 82
Phasianus colchicus
    torquatus 82
Phoenicopterus
    chilensis 9
Picea orientalis 24
Pinus strobus 16
Potamopyrgus anti-
    podarum 118
Procyon lotor 68
Prospaltella perniciosi 101
Prostephanus iruncatus 30
Protherorhinus mar-
    moratus 14
Prunus serotina 16
Pseudotsuga menziesii
    16, 54
Pseusemis scripta
    elegans 84
Psittacula cyanocepala 84
Psittacula derbyana 84
Psittacula eupatria 84
Psittacula kramerii 82
Psittacus erithacus 84
Puppenräuber 29

Q
Quadraspidiotus pernicio-
    sus 99

R
Rana catesbeiana 86
Rana tigrina 88
Rassenreinheit 7
Rattus norvegicus 26, 59
Rattus rattus 60
Reblaus 15, 101
Regenbogenforelle 16,
    20, 88
Reticulotermes flavipes
    103
Reynoutria japonica 15,
    27, 52
Reynoutria sachalinensis
    27, 52
Riesen-Bärenklau 15, 27, 47
Ringelgans 76
Ringfasan 82
Robinia pseudoacacia
    16, 44
Robinie 16, 44
Rosa rugosa 16
Rostgans 77
Rotwangen-Schmuckschild-
    kröte 84

S
Sachalinknöterich 15, 27, 52
Salmo trutta fario 88
Salvelinus fontinalis 90
San-José-Schildlaus 14, 99
Scheinakazie s. Robinie
Schermaus 64
Schilfsterben 75
Schlickkrebs 107
Schmetterlingsflieder
    s. Sommerflieder
Schmuckschildkröte 84
Schwammspinner 30
Schwarzbarsch 17, 93
Schwarzer Nutzholz-
    borkenkäfer 24
Sciurus carolinensis 19
Sciurus vulgaris 19
Signalkrebs 110
Sikahirsch 16, 71
Silberfasan 82
Silberkarpfen 91
Sitkafichtengalllaus 24
Solidago canadensis 39
Solidago gigantea 39
Solidago virgaurea 40
Sommerflieder 15, 43
Sonnenbarsch 17, 91
Sonnenblume 42
Spanische Wegschnecke 10
Späte Goldrute 20, 39
Späte Traubenkirsche 16
Springkraut 50
Staudenknöterich 20,
    27, 56
Staupeviren 27
Stinktier 9
Stizostedion lucioperca
    16, 18
Strandfloh 107
Streifenhörnchen 9
Streptopelia decaocto 9
Süßwasser-Strandfloh 107
Süßwassergarnele 107
Süßwassermeduse 120
Sumpfbiber s. Nutria
Sumpfschildkröte 85
Sympetrum striolatum 106
Syrmathicus reevesii 82

T
Tadorna ferruginea 77
Tadorna tadorna 77
Tannentrieblaus 30
Teretriosoma nigescens 30
Termiten 103
Tigerflohkrebs 16, 106
Tintenfischpilz 57

Topinambur 16, 41
Transgene Arten 36
Traubenkirsche, späte 16
Traubenwickler 95
Trauerschwan 9
Trialeurodes vapora-
    riorum 25
Trockenholztermite 104
Türkentaube 9

U
Unterglasanbau 18, 24

V
Vaccinium 18

Vimba vimba 14
Vogel-Wicke 15

W
Wandermuschel 26, 115
Wanderratte 27, 59
Waschbär 18, 68
Wasserwirtschaft 26
Wegschnecke,
    Spanische 10
Weiße Fliege 25
Weißflossengründling 14
Wespenspinne 13, 112
Westindische Trockenholz-
    termite 104

Weymouthskiefer 16
Wiesenbärenklau 49
Wildschafe 74
Winkelkopfplanarie 120
Wolf 9
Wollhandkrabbe 26, 29, 110

X
Xylosandrus germanus 24

Z
Zährte 14
Zander 16, 18
Zwergdeckelschnecke 118
Zwergwels 17
Zypernmufflon 74

Bildnachweis

AKG: 32
BBA Dossenheim: 100 o
Bellmann: 105, 123
Braukmann: 120
Buschinger: 94
Hartmann: 27
Henseler: 100 u
Kinzelbach: 117
König: 10, 39, 46, 87, 98, 103, 109, 116
Limbrunner: 8, 33u, 37, 41, 59, 76, 113,
114, 119
Pforr: 1, 15, 16, 22, 250, 34, 42, 50, 51,
53u, 55, 61, 63, 65, 75, 85, 97
Pott: 17, 121
Reinhard: 2, 7, 9u, 11, 13, 14, 20, 21, 28,
30, 330, 35, 38, 43, 530, 56u, 58, 69, 70,
72, 81, 92, 96, 108
SLFA Neustadt/Weinstraße
(FB Phytomedizin): 101, 102
Synatzschke: 111
Tittizer: 106
Vilcinskas: 89, 90
Willner: 45, 560, 67
Wothe: 90, 48, 79, 83
Zeininger: 18
Zunke: 23, 25u, 95

Grafik S. 114: Farnhammer

Umschlagfotos: Eisenbeiss (Indisches
Springkraut), Pforr (Kartoffelkäfer),
Reinhard (Waschbär, Riesen-Bärenklau)

Die Deutsche Bibliothek –
CIP-Einheitsaufnahme
Ein Titelsatz für diese Publikation
ist bei Der Deutschen Bibliothek
erhältlich

BLV Verlagsgesellschaft mbH
München Wien Zürich
80797 München

Umschlaggestaltung: Studio Schübel,
München
Satz und Reproduktion:
Design-Typo-Print GmbH, Ismaning
Lektorat: Dr. Friedrich Kögel
Herstellung: Hermann Maxant
Druck und Bindung: Neue Stalling,
Oldenburg

Printed in Germany · ISBN 3-405-15776-5

Die Natur aktiv entdecken.

Veronika Straaß
Natur erleben das ganze Jahr
Das Erlebnisbuch für die ganze Familie –
zum Blättern und Staunen, zum Vor-
und Nachlesen: die Natur im Jahreslauf
bewusst wahrnehmen und aktiv entdecken. Mit Beobachtungstipps, Anlei-
tungen zum Spielen und Experimen-
tieren, Rezepten aus der Feld-, Wald-
und Wiesenküche und vieles mehr.

**BLV Tier- und Pflanzenführer
für unterwegs**
Die ganze Vielfalt der Natur entdecken:
771 Tier- und Pflanzenarten auf 871
Farbfotos; leichtes Auffinden der gesuchten Art durch Piktogramme, Glie-
derung nach Blütenfarben bei Pflanzen; handliches Einsteckformat und
Plastikhülle – ideal für unterwegs.

Horst Altmann
Giftpflanzen – Gifttiere
Pflanzen und Tiere, die beim Menschen
Vergiftungen oder andere Komplika-
tionen auslösen können: Merkmale,
Vorkommen, Gift, Vergiftungserschei-
nungen, erste Hilfe, Therapie.

Dankwart Seidel
Unsere schönsten Wildpflanzen
Von Frauenschuh bis Fingerhut, von
Rittersporn bis Adonisröschen: beson-
ders schöne, seltene oder ungewöhn-
liche Blütenpflanzen bestimmen

Thomas Schauer / Claus Caspari
Der große BLV Pflanzenführer
Deutsche und botanische Namen,
Merkmale, Blütezeit, Standort, Verbrei-
tung, Gefährdungsgrad, geschützte
Arten.

Herbert W. Ludwig
Tiere in Bach, Fluß, Tümpel, See
Das umfassende Bestimmungsbuch
mit Angaben zur Ermittlung der Was-
sergüte.